Viviendo las Promesas de Dios

"Así que no temas, porque yo estoy contigo;
no te angusties, porque yo soy tu Dios.
Te fortaleceré y te ayudaré; te sostendré
con mi diestra victoriosa."

Isaías 41:10 NVI

Estudio bíblico con Margarita Houston

CONTENIDO

PRESENTACIÓN

Viviendo las promesas de Dios puedo estar libre de temor. ¿Cuántas veces hemos pensado que Dios no va a cumplir lo que nos ha prometido para nuestra vida? Es por eso que nos vamos enfriando en nuestra relación con Él y preferimos confiar en nosotros mismos y en otras personas. Cuando todo va bien en nuestra vida es más fácil. Pero cuando se presentan la enfermedad, la crisis económica, el rechazo de un ser querido y en general todas esas situaciones que implican grandes desafíos, es entonces cuando empezamos a sentirnos muy pequeños frente a las circunstancias y a buscar maneras de hallar un lugar seguro donde poder refugiarnos.

La historia de la humanidad ha sido una lucha continua de crisis en las familias, y todo empieza realmente en el corazón de cada uno. Lo que tenemos en nuestro corazón y en nuestra mente es lo que vamos a hablar, a hacer o a dejar de hacer. Debemos buscar el propósito de la vida más allá de nuestros pensamientos y nuestras realidades, pues sabemos que por más que planeemos y pensemos que tenemos todo bajo control, todo puede cambiar. Un ejemplo que aprendimos en la práctica fue cómo el COVID19 cambió muchos de los planes que teníamos.

Cuando pensamos en nuestra propia vida y en cómo nos hemos relacionado con las personas, nos damos cuenta de que todos somos vulnerables de romper promesas, pues también cambian nuestras circunstancias. Cuando prometimos algo pensamos que sí lo íbamos a lograr, pero la realidad es que cuando las cosas cambian nos vemos rompiendo nuestra promesa. Hace muchos años la palabra de una persona era parte de su carácter. Lo que decía lo cumplía. Por eso los matrimonios duraban aun en medio de las dificultades, porque eran promesas hechas ante Dios y ante testigos. Podemos ver entonces como en los tiempos que vivimos las promesas se rompen con mucha facilidad. Y eso nos incluye a todos.

Espero que este estudio bíblico de **Viviendo las Promesas de Dios** sea una inspiración para poder vivir libres de temor y confiar plenamente en un Dios vivo que sí cumple.

"Dios no es un simple mortal para mentir y cambiar de parecer. ¿Acaso no cumple lo que promete ni lleva a cabo lo que dice?"

Números 23:19 NVI

Un cariñoso saludo,

Margarita Houston

QUERIDOS LECTORES,

La vida es bella. La vida es una aventura. Pero la vida también es a veces difícil. Aunque no nos gusta pensarlo, una vida sin retos, sin desafíos y sin sufrimientos no forjará a la persona que Dios desea que seamos, una persona con el carácter de Jesús.

Por eso Él promete estar con nosotros.

Deuteronomio 31:6 dice: *"Jehová tu Dios es el que va contigo; no te dejará, ni te desamparará".* Está implícito en Isaías 7:14 en el nombre *Emanuel*, que quiere decir "Dios con nosotros". En el muy conocido y amado Salmo 23 David declara: *"No temeré mal alguno, porque tú estarás conmigo".* Y cuando Jesús está por partir al cielo les asegura a sus discípulos: *"He aquí yo estoy con vosotros todos los días, hasta el fin del mundo"* Mateo 28:20.

Dios está con nosotros por tanto que nos valora, y nos ha dado muchas promesas para ayudarnos en los altibajos de la vida, en el camino que nos conduce a estar hechos a imagen de Cristo.

Por esto los animo fervientemente a estudiar el libro que tienen en sus manos: *Viviendo las Promesas de Dios*. Margarita, mi linda esposa, escribe no solamente desde una perspectiva académica sino también desde sus propias experiencias con las promesas de Dios.

Los invito a leer, pensar y meditar en estas promesas de Dios. Pero, por encima de todo, ¡los invito a confiar en Dios y a vivir en su vida diaria estas promesas de fe!

Con afecto,

Richard Houston

Promesas para
UN HIJO DE DIOS

Cuando hacemos promesas a nuestros hijos aquí en la tierra deseamos cumplirlas. Son sus privilegios por tener una relación de padre a hijo. Son beneficios únicos como *"me puedes llamar a la hora que sea"* o *"puedes contar conmigo siempre"*, y muchas otras muestras de amor que son infinitamente valiosas en cada etapa de la vida. Estoy convencida de que nuestra mayor labor como padres es hacerles saber siempre a nuestros hijos que pueden contar con nuestro amor incondicional. Con el correr de los años esa relación se va edificando y va creciendo, para ayudar a los hijos a madurar y para hacerlos totalmente independientes.

Cuando mis hijos eran pequeños una amiga me enseñó que *"los hijos deben crecer para ser independientes de los padres y dependientes de Dios"*. Yo, Margarita, quien les habla, puedo decir que una parte primordial para mi sanidad interior fue entender y recibir esta gran verdad: que tengo un Padre Celestial que me ama incondicionalmente y que me promete cuidar siempre de mí. Recibí a Cristo como mi Señor y Salvador el 28 de enero de 1988. Desde ese día creí y recibí por fe el ser hija de Dios. Sabía que había sido creada por Dios en el vientre de mi madre, pero el día que recibí a Jesús fui adoptada como su hija y empecé a apropiarme de todas sus promesas para mí.

¿Cómo podemos estar listos para recibir las promesas de Dios y apropiarnos de ellas? Estableciendo primero una relación de padre a hijo con Dios. Debemos estar seguros de que Él nos ve como sus hijos y de que nosotros lo tenemos a Él como nuestro Padre Celestial.

> *"Mas a cuantos lo recibieron, a los que creen en su nombre, les dio el derecho de ser hijos de Dios. Estos no nacen de la sangre, ni por deseos naturales, ni por voluntad humana, sino que nacen de Dios."*
>
> *Juan 1:12-13 NVI*

Para llegar a tener el derecho de ser un hijo de Dios solo hay que RECIBIR a Jesús, es decir, CREER en el nombre de Jesús en nuestro corazón.

Una vez establezcamos esta relación con nuestro Padre Celestial, podremos empezar a vivir las promesas de Dios para nuestra vida.

¿Has creído y has recibido a Jesús en tu corazón?

Si no lo has hecho, puedes hacer hoy esta pequeña oración:

> *Señor, gracias por tu muerte en la cruz para perdonar mi pecado y para establecer una relación de reconciliación contigo y con mi Padre Celestial. Te pido me perdones por todos mis pecados, creo en ti y te recibo como a mi Señor y Salvador.*

PROMESAS DE DIOS PARA TI

LEE estos pasajes bíblicos muy despacio para encontrar allí las perlas de las promesas. Luego responde a las preguntas de observación y reflexión.

¡VIVE HOY ESTA INMENSA BENDICIÓN!

 **1.**

"Todos ustedes son hijos de Dios mediante la fe en Cristo Jesús, porque todos los que han sido bautizados en Cristo se han revestido de Cristo. Ya no hay judío ni griego, esclavo ni libre, hombre ni mujer, sino que todos ustedes son uno solo en Cristo Jesús. Y, si ustedes pertenecen a Cristo, son la descendencia de Abraham y herederos según la promesa."

Gálatas 3:26-29 NVI

❭ ¿Cuáles son las promesas en este pasaje bíblico?

2. *"En otras palabras, mientras el heredero es menor de edad, en nada se diferencia de un esclavo, a pesar de ser dueño de todo. Al contrario, está bajo el cuidado de tutores y administradores hasta la fecha fijada por su padre. Así también nosotros, cuando éramos menores, estábamos esclavizados por los principios de este mundo. Pero, cuando se cumplió el plazo, Dios envió a su Hijo, nacido de una mujer, nacido bajo la ley, para rescatar a los que estaban bajo la ley, a fin de que fuéramos adoptados como hijos. Ustedes ya son hijos. Dios ha enviado a nuestros corazones el Espíritu de su Hijo, que clama: «¡Abba! ¡Padre!» Así que ya no eres esclavo, sino hijo; y, como eres hijo, Dios te ha hecho también heredero."*

Gálatas 4:1-7 NVI

⟩ ¿Cuáles son las promesas en este pasaje bíblico?

3. *"Pablo, apóstol de Cristo Jesús por la voluntad de Dios, a los santos y fieles en Cristo Jesús que están en Éfeso: Que Dios nuestro Padre y el Señor Jesucristo les concedan gracia y paz. Alabado sea Dios, Padre de nuestro Señor Jesucristo, que nos ha bendecido en las regiones celestiales con toda bendición espiritual en Cristo. Dios nos escogió en él antes de la creación del mundo, para que seamos santos y sin mancha delante de él. En amor nos predestinó para ser adoptados como hijos suyos por medio de Jesucristo, según el buen propósito de su voluntad, para alabanza de su gloriosa gracia, que nos concedió en su Amado. En él tenemos la redención mediante su sangre, el perdón de nuestros pecados, conforme a las riquezas de la gracia que Dios nos dio en abundancia con toda sabiduría y entendimiento. Él nos hizo conocer el misterio de su voluntad conforme al buen propósito que de antemano estableció en Cristo, para llevarlo a cabo cuando se cumpliera el tiempo, esto es, reunir en él todas las cosas, tanto las del cielo como las de la tierra. En Cristo también fuimos hechos herederos, pues fuimos predestinados según el plan de aquel que hace todas las cosas conforme al designio de su voluntad, a fin de que nosotros, que ya hemos puesto nuestra esperanza en Cristo, seamos para alabanza de su gloria. En él también ustedes, cuando oyeron el mensaje de la verdad, el evangelio que les trajo la salvación, y lo creyeron, fueron marcados con el sello que es el Espíritu Santo prometido. Este garantiza nuestra herencia hasta que llegue la redención final del pueblo adquirido por Dios, para alabanza de su gloria."*

Efesios 1:1-14 NVI

> ¿Con cuántas bendiciones hemos sido bendecidos y por medio de quién?

> ¿Cuál es el deseo del corazón de Dios en cuanto a adoptarnos como sus hijos?

> ¿Cuáles promesas tenemos en cuanto a ser perdonados por su gracia?

> ¿Cuál es la promesa de Dios cuando hemos escuchado el mensaje de la verdad y creído en él?

> ¿Qué nos promete el ser marcados con el sello del Espíritu Santo?

4.

"Por tanto, también nosotros, que estamos rodeados de una multitud tan grande de testigos, despojémonos del lastre que nos estorba, en especial del pecado que nos asedia, y corramos con perseverancia la carrera que tenemos por delante. Fijemos la mirada en Jesús, el iniciador y perfeccionador de nuestra fe, quien, por el gozo que le esperaba, soportó la cruz, menospreciando la vergüenza que ella significaba, y ahora está sentado a la derecha del trono de Dios. Así, pues, consideren a aquel que perseveró frente a tanta oposición por parte de los pecadores, para que no se cansen ni pierdan el ánimo. En la lucha que ustedes libran contra el pecado, todavía no han tenido que resistir hasta derramar su sangre. Y ya han olvidado por completo las palabras de aliento que como a hijos se les dirigen: «Hijo mío, no tomes a la ligera la disciplina del Señor ni te desanimes cuando te reprenda, porque el Señor disciplina a los que ama, y azota a todo el que recibe como hijo». Lo que soportan es para su disciplina, pues Dios los está tratando como a hijos. ¿Qué hijo hay a quien el padre no disciplina? Si a ustedes se les deja sin la disciplina que todos reciben, entonces son bastardos y no hijos legítimos. Después de todo, aunque nuestros padres humanos nos disciplinaban, los respetábamos. ¿No hemos de someternos, con mayor razón, al Padre de los espíritus, para que vivamos? En efecto, nuestros padres nos disciplinaban por un breve tiempo, como mejor les parecía; pero Dios lo hace para nuestro bien, a fin de que participemos de su santidad. Ciertamente, ninguna disciplina, en el momento de recibirla, parece agradable, sino más bien penosa; sin embargo, después produce una cosecha de justicia y paz para quienes han sido entrenados por ella. Por tanto, renueven las fuerzas de sus manos cansadas y de sus rodillas debilitadas. «Hagan sendas derechas para sus pies», para que la pierna coja no se disloque, sino que se sane."

Hebreos 12:1-13 NVI

❭ ¿De qué nos pide Dios despojarnos?

❭ ¿Cómo quiere Dios que corramos nuestra carrera en esta vida?

❭ ¿En quién debemos fijar nuestra mirada?

❭ ¿Quién es el perfeccionador de nuestra fe?

❭ ¿Quién está sentado a la derecha del trono de Dios?

❭ ¿Quién debe ser nuestro ejemplo de perseverancia? ¿Por qué?

❭ ¿Cuál es la promesa en cuanto a la disciplina como hijos de Dios?

❯ ¿Cuáles son las promesas en este pasaje bíblico?

❯ ¿Qué es lo que produce una disciplina en el momento de recibirla? ¿Qué produce después?

Oración de agradecimiento a Dios por las promesas de ser sus hijos

❯ ¡Escribe una oración a Dios y VIVE ESTAS PROMESAS EN TU VIDA!

Promesas para
VIVIR LIBRES DE TEMOR

El temor es algo que paraliza y que no nos deja avanzar en la vida. Es cierto que podemos tener temores muy lógicos que nos ayudan a no caer en peligro, como por ejemplo mirar muy bien antes de cruzar una calle, ponernos el cinturón de seguridad en el carro o en el avión para proteger nuestra vida si hay un accidente, o muchos otros temores que nos hacen ser prudentes para evitar problemas. Pero hay temores excesivos que a veces nos llevan a veces a pensar cosas como: *"¿qué haremos cuando seamos viejitos —si todavía no lo somos—, quién nos cuidará?", "¿qué pasará cuando los hijos crezcan en este mundo donde los valores y principios están en caos?"*

Día tras día somos bombardeados con anuncios de malas noticias a las que les permitimos que impacten nuestra vida cada vez con mayor fuerza. Algunos temores emocionales pueden ser tan profundos como haber sido abusados de niños, maltratados por un padre autoritario y no amoroso, rechazados por un conyugue o un miembro cercano de la familia, por un jefe o por un líder en la iglesia, o vernos expuestos a una enfermedad terminal. ¿Dónde ponemos nuestro corazón frente a todos esos temores? ¿A dónde vamos? ¿Con quién hablamos? La Biblia está llena de promesas que nos dicen *"¡No temamos!"*, ¡Confiemos en Dios con todo nuestro corazón!

Yo, Margarita, he tenido que enfrentar rechazos y me he llenado de temores hasta enfermarme. Por eso creo firmemente en las promesas de Dios, las cuales me han sostenido cada día y lo seguirán haciendo hasta mi último día en esta tierra. Mi tendencia es a llenarme de temores, pero vuelvo a sus promesas... ¡y me lleno de paz y esperanza!

PROMESAS DE DIOS PARA TI

LEE estos pasajes bíblicos muy despacio para encontrar allí las perlas de las promesas. Luego responde a las preguntas de observación y reflexión.

¡VIVE HOY ESTA INMENSA BENDICIÓN!

1.

"En seguida Jesús hizo que sus discípulos subieran a la barca y se le adelantaran al otro lado, a Betsaida, mientras él despedía a la multitud. Cuando se despidió, fue a la montaña para orar. Al anochecer, la barca se hallaba en medio del lago, y Jesús estaba en tierra solo. En la madrugada, vio que los discípulos hacían grandes esfuerzos para remar, pues tenían el viento en contra. Se acercó a ellos caminando sobre el lago, e iba a pasarlos de largo. Los discípulos, al verlo caminar sobre el agua, creyeron que era un fantasma y se pusieron a gritar, llenos de miedo por lo que veían. Pero él habló en seguida con ellos y les dijo: «¡Cálmense! Soy yo. No tengan miedo». Subió entonces a la barca con ellos, y el viento se calmó. Estaban sumamente asombrados, porque tenían la mente embotada y no habían comprendido lo de los panes. Después de cruzar el lago, llegaron a tierra en Genesaret y atracaron allí. Al bajar ellos de la barca, la gente en seguida reconoció a Jesús. Lo siguieron por toda aquella región y, adonde oían que él estaba, le llevaban en camillas a los que tenían enfermedades. Y dondequiera que iba, en pueblos, ciudades o caseríos, colocaban a los enfermos en las plazas. Le suplicaban que les permitiera tocar siquiera el borde de su manto, y quienes lo tocaban quedaban sanos."

Marcos 6:45-56 NVI

❭ ¿Qué hizo Jesús en la montaña?

❭ ¿Cómo estaba el viento para los discípulos en la barca?

❯ ¿Cómo se acercó Jesús a los discípulos en la barca?

❯ ¿Quién pensaban ellos que era Jesús?

❯ ¿Qué les dijo Jesús a los discípulos?

❯ ¿Que siguió haciendo Jesús, una vez llegaron a tierra de Genesaret?

2. *"Un día subió Jesús con sus discípulos a una barca. —Crucemos al otro lado del lago —les dijo. Así que partieron, y mientras navegaban, él se durmió. Entonces se desató una tormenta sobre el lago, de modo que la barca comenzó a inundarse y corrían gran peligro. Los discípulos fueron a despertarlo. —¡Maestro, Maestro, nos vamos a ahogar! —gritaron. Él se levantó y reprendió al viento y a las olas; la tormenta se apaciguó y todo quedó tranquilo. —¿Dónde está la fe de ustedes? —les dijo a sus discípulos. Con temor y asombro ellos se decían unos a otros: «¿Quién es este, que manda aun a los vientos y al agua, y le obedecen?»"*

Lucas 8:22-25 NVI

❯ ¿De qué tenían temor los discípulos?

❯ ¿Qué hicieron con el temor que sentían?

❯ ¿Cómo respondió Jesús a los discípulos y qué hizo?

❯ ¿Qué debemos hacer nosotros en medio de los momentos de temor, cuando pensamos que nuestra "barca" se está hundiendo?

3.

"Bendeciré al Señor en todo tiempo; mis labios siempre lo alabarán. Mi alma se gloría en el Señor; lo oirán los humildes y se alegrarán. Engrandezcan al Señor conmigo; exaltemos a una su nombre. Busqué al Señor, y él me respondió; me libró de todos mis temores. Radiantes están los que a él acuden; jamás su rostro se cubre de vergüenza. Este pobre clamó, y el Señor le oyó y lo libró de todas sus angustias. El ángel del Señor acampa en torno a los que le temen; a su lado está para librarlos. Prueben y vean que el Señor es bueno; dichosos los que en él se refugian. Teman al Señor, ustedes sus santos, pues nada les falta a los que le temen. Los leoncillos se debilitan y tienen hambre, pero a los que buscan al Señor nada les falta. Vengan, hijos míos, y escúchenme, que voy a enseñarles el temor del Señor. El que quiera amar la vida y gozar de días felices, que refrene su lengua de hablar el mal y sus labios de proferir engaños; que se aparte del mal y haga el bien; que busque la paz y la siga. Los ojos del Señor están sobre los justos, y sus oídos, atentos a sus oraciones; el rostro del Señor está contra los que hacen el mal, para borrar de la tierra su memoria. Los justos claman, y el Señor los oye; los libra de todas sus angustias. El Señor está cerca de los quebrantados de corazón, y salva a los de espíritu abatido. Muchas son las angustias del justo, pero el Señor lo librará de todas ellas; le protegerá todos los huesos, y ni uno solo le quebrarán. La maldad destruye a los malvados; serán condenados los enemigos de los justos. El Señor libra a sus siervos; no serán condenados los que en él confían."

Salmo 34:1-22 NVI

❯ ¿De cuántos temores nos va a librar el Señor, según este Salmo?

> ¿Cómo está el corazón de quienes confiamos en Dios?

> ¿Cuál es la promesa de Dios en cuanto al Ángel del Señor?

> ¿Qué debemos hacer, según este pasaje bíblico, si queremos gozar de días felices?

> ¿Cuál es la promesa de Dios en cuanto a sobre quiénes tiene puestos sus ojos?

> ¿Cuál es la promesa de Dios cuando los justos claman?

⟩ ¿Cuál es la promesa de Dios para quienes están cerca de Él?

Oración de agradecimiento a Dios por las promesas de poder vivir libres de temor.

⟩ ¡Escribe una oración a Dios y VIVE ESTAS PROMESAS EN TU VIDA!

Promesas para
LA PROVISIÓN DIVINA

Las promesas nos mantienen firmes en medio de situaciones diversas, pero un área fundamental es la provisión de la economía de nuestros hogares. Necesitamos el dinero para comer, tener un lugar donde vivir, vestirnos, y para otras necesidades básicas que nos traen bienestar. La tranquilidad financiera es muy valiosa. En nuestra familia hemos enseñado a nuestros cuatro hijos, ahora ya adultos y casados, muchos principios bíblicos sobre la buena administración del dinero. El autor Dave Ramsey, con su libro *Tranquilidad Financiera* y su curso sobre este tema básico, nos ha ayudado muchísimo. No entrar en deudas, no tener tarjetas de crédito (tal vez solo una), dar, pagar cuentas y súper ahorrar. Todo este curso con principios bíblicos, pues el tema del dinero es muy espiritual. Dios nos ha hecho administradores de lo que Él nos ha dado y vamos a rendirle cuentas a Él. Es muy importante trabajar y, quienes tenemos hijos, enseñarles a hacerlo. Dios dice en la Biblia: *"El que no trabaja, tampoco coma"*.

Dios promete la provisión divina y nos anima a trabajar y a ser buenos administradores.

PROMESAS DE DIOS PARA TI

LEE estos pasajes bíblicos muy despacio para encontrar allí las perlas de las promesas. Luego responde a las preguntas de observación y reflexión.

¡VIVE HOY ESTA INMENSA BENDICIÓN!

1.

"Me alegro muchísimo en el Señor de que al fin hayan vuelto a interesarse en mí. Claro está que tenían interés, solo que no habían tenido la oportunidad de demostrarlo. No digo esto porque esté necesitado, pues he aprendido a estar satisfecho en cualquier situación en que me encuentre. Sé lo que es vivir en la pobreza, y lo que es vivir en la abundancia. He aprendido a vivir en todas y cada una de las circunstancias, tanto a quedar saciado como a pasar hambre, a tener de sobra como a sufrir escasez. Todo lo puedo en Cristo que me fortalece. Sin embargo, han hecho bien en participar conmigo en mi angustia. Y ustedes mismos, filipenses, saben que en el principio de la obra del evangelio, cuando salí de Macedonia, ninguna iglesia participó conmigo en mis ingresos y gastos, excepto ustedes. Incluso a Tesalónica me enviaron ayuda una y otra vez para suplir mis necesidades. No digo esto porque esté tratando de conseguir más ofrendas, sino que trato de aumentar el crédito a su cuenta. Ya he recibido todo lo que necesito y aún más; tengo hasta de sobra ahora que he recibido de Epafrodito lo que me enviaron. Es una ofrenda fragante, un sacrificio que Dios acepta con agrado. Así que mi Dios les proveerá de todo lo que necesiten, conforme a las gloriosas riquezas que tiene en Cristo Jesús. A nuestro Dios y Padre sea la gloria por los siglos de los siglos. Amén."

Filipenses 4:10-20 NVI

> ¿Qué aprendió Pablo?

> ¿Cuál es la promesa que Pablo comparte con los Filipenses en este pasaje bíblico?

https://sentidoatuvida.org

2.

"Algún tiempo después, Jesús se fue a la otra orilla del mar de Galilea (o de Tiberíades). Y mucha gente lo seguía, porque veían las señales milagrosas que hacía en los enfermos. Entonces subió Jesús a una colina y se sentó con sus discípulos. Faltaba muy poco tiempo para la fiesta judía de la Pascua. Cuando Jesús alzó la vista y vio una gran multitud que venía hacia él, le dijo a Felipe: —¿Dónde vamos a comprar pan para que coma esta gente? Esto lo dijo solo para ponerlo a prueba, porque él ya sabía lo que iba a hacer. —Ni con el salario de ocho meses podríamos comprar suficiente pan para darle un pedazo a cada uno —respondió Felipe. Otro de sus discípulos, Andrés, que era hermano de Simón Pedro, le dijo: —Aquí hay un muchacho que tiene cinco panes de cebada y dos pescados, pero ¿qué es esto para tanta gente? —Hagan que se sienten todos —ordenó Jesús. En ese lugar había mucha hierba. Así que se sentaron, y los varones adultos eran como cinco mil. Jesús tomó entonces los panes, dio gracias y distribuyó a los que estaban sentados todo lo que quisieron. Lo mismo hizo con los pescados. Una vez que quedaron satisfechos, dijo a sus discípulos: —Recojan los pedazos que sobraron, para que no se desperdicie nada. Así lo hicieron y, con los pedazos de los cinco panes de cebada que les sobraron a los que habían comido, llenaron doce canastas. Al ver la señal que Jesús había realizado, la gente comenzó a decir: «En verdad este es el profeta, el que ha de venir al mundo». Pero Jesús, dándose cuenta de que querían llevárselo a la fuerza y declararlo rey, se retiró de nuevo a la montaña él solo."

Juan 6:1-15 NVI

> ¿Cuánta gente seguía a Jesús? ¿Por qué?

> ¿Qué le dijo Jesús a Felipe?

> ¿Cómo le respondió Felipe?

> ¿Qué le dijo Andrés, el otro discípulo y hermano de Pedro?

> ¿Qué les ordenó Jesús que hicieran?

> ¿Qué hizo Jesús?

> ¿Qué aprendemos sobre la provisión de Dios en este pasaje bíblico?

3. *"Cuando lo encontraron al otro lado del lago, le preguntaron: —Rabí, ¿cuándo llegaste acá? —Ciertamente les aseguro que ustedes me buscan no porque han visto señales, sino porque comieron pan hasta llenarse. Trabajen, pero no por la comida que es perecedera, sino por la que permanece para vida eterna, la cual les dará el Hijo del hombre. Sobre este ha puesto Dios el Padre su sello de aprobación. —¿Qué tenemos que hacer para realizar las obras que Dios exige? —le preguntaron. —Esta es la obra de Dios: que crean en aquel a quien él envió —les respondió Jesús. —¿Y qué señal harás para que la veamos y te creamos? ¿Qué puedes hacer? —insistieron ellos—. Nuestros antepasados comieron el maná en el desierto, como está escrito: "Pan del cielo les dio a comer". —Ciertamente les aseguro que no fue Moisés el que les dio a ustedes el pan del cielo —afirmó Jesús—. El que da el verdadero pan del cielo es mi Padre. El pan de Dios es el que baja del cielo y da vida al mundo. —Señor —le pidieron—, danos siempre ese pan. —Yo soy el pan de vida —declaró Jesús—. El que a mí viene nunca pasará hambre, y el que en mí cree nunca más volverá a tener sed. Pero, como ya les dije, a pesar de que ustedes me han visto, no creen. Todos los que el Padre me da vendrán a mí; y al que a mí viene, no lo rechazo. Porque he bajado del cielo no para hacer mi voluntad, sino la del que me envió. Y esta es la voluntad del que me envió: que yo no pierda nada de lo que él me ha dado, sino que lo resucite en el día final. Porque la voluntad de mi Padre es que todo el que reconozca al Hijo y crea en él tenga vida eterna, y yo lo resucitaré en el día final. Entonces los judíos comenzaron a murmurar contra él, porque dijo: «Yo soy el pan que bajó del cielo». Y se decían: «¿Acaso no es este Jesús, el hijo de José? ¿No conocemos a su padre y a su madre? ¿Cómo es que sale diciendo: "Yo bajé del cielo"?» —Dejen de murmurar —replicó Jesús—. Nadie puede venir a mí si no lo atrae el Padre que me envió, y yo lo resucitaré en el día final. En los profetas está escrito: "A todos los instruirá Dios". En efecto, todo el que* escucha al Padre y aprende de él viene a mí. Al Padre nadie lo ha visto, excepto el que viene de Dios; solo él ha visto al Padre. Ciertamente les aseguro que el que cree tiene vida eterna. Yo soy el pan de vida. Los antepasados de ustedes comieron el maná en el desierto, y sin embargo murieron. Pero este es el pan que baja del cielo; el que come de él no muere. Yo soy el pan vivo que bajó del cielo. Si alguno come de este pan, vivirá para siempre. Este pan es mi carne, que daré para que el mundo viva. Los judíos comenzaron a disputar acaloradamente entre sí: «¿Cómo puede este darnos a comer su carne?» —Ciertamente les aseguro— afirmó Jesús— que, si no comen la carne del Hijo del hombre ni beben su sangre, no tienen realmente vida. El que come mi carne y bebe mi sangre tiene vida eterna, y yo lo resucitaré en el día final. Porque mi carne es verdadera comida y mi sangre es verdadera bebida. El que come mi carne y bebe mi sangre permanece en mí y yo en él. Así como me envió el Padre viviente, y yo vivo por el Padre, también el que come de mí vivirá por mí. Este es el pan que bajó del cielo. Los antepasados de ustedes comieron maná y murieron, pero el que come de este pan vivirá para siempre. Todo esto lo dijo Jesús mientras enseñaba en la sinagoga de Capernaúm."

Juan 6:25-59 NVI

> ¿Por qué tipo de comida los anima Jesús a trabajar?

> ¿Qué les recordó Jesús sobre quién les había dado el maná a los antepasados en el desierto?

> ¿Qué se declaró Jesús ser? ¿Y qué promesas nos da?

> ¿Qué gran promesa nos da Jesús para tener vida eterna?

4. *"»Cuando oren, no sean como los hipócritas, porque a ellos les encanta orar de pie en las sinagogas y en las esquinas de las plazas para que la gente los vea. Les aseguro que ya han obtenido toda su recompensa. Pero tú, cuando te pongas a orar, entra en tu cuarto, cierra la puerta y ora a tu Padre, que está en lo secreto. Así tu Padre, que ve lo que se hace en secreto, te recompensará. Y al orar, no hablen solo por hablar como hacen los gentiles, porque ellos se imaginan que serán escuchados por sus muchas palabras. No sean como ellos, porque su Padre sabe lo que ustedes necesitan antes de que se lo pidan. »Ustedes deben orar así: »"Padre nuestro que estás en el cielo, santificado sea tu nombre, venga tu reino, hágase tu voluntad en la tierra como en el cielo. Danos hoy nuestro pan cotidiano. Perdónanos nuestras deudas, como también nosotros hemos perdonado a nuestros deudores. Y no nos dejes caer en tentación, sino líbranos del maligno". »Porque, si perdonan a otros sus ofensas, también los perdonará a ustedes su Padre celestial. Pero, si no perdonan a otros sus ofensas, tampoco su Padre les perdonará a ustedes las suyas."*

Mateo 6:5-15 NVI

> ¿Cómo nos anima Jesús a orar?

> ¿A quién debemos orar?

> ¿Qué le debemos pedir diariamente?

Oración de agradecimiento a Dios por las promesas de su provisión divina.

> ¡Escribe una oración a Dios y VIVE ESTAS PROMESAS EN TU VIDA!

Promesas para
RECIBIR EL PERDÓN DE DIOS

Todos estamos buscando la tan anhelada Paz. De lo que no nos damos cuenta es de que la verdadera Paz viene de un corazón que ha recibido el perdón de Dios. Un corazón libre, liviano, que solo puede gozarse al experimentar un verdadero perdón de Dios. Cuando realmente lo recibimos es como tener un corazón nuevo, limpio y listo para seguir viviendo cada día con agradecimiento. En la práctica y triste realidad todos tenemos una lucha diaria con el pecado, que nos asedia a cada uno en áreas diferentes. Jesús vino a morir en la cruz para ofrecerse como perdón de nuestros pecados delante de Dios. Es por eso que cada vez que volvamos a pecar podremos acercarnos confiadamente al trono de su inmensa Gracia para recibir el verdadero perdón de Dios.

En la vida de Margarita este también ha sido un desafío diario. Podría hacerles una lista larga de mis pecados, pero Dios ya me perdonó y no se acuerda más de ellos, a menos que yo los vuelva a cometer. Cristo murió por TODOS mis pecados pasados, presentes y futuros. Es difícil entender esto, pero es una gran promesa que me da muchísima confianza, pues puedo seguir confiando plenamente en Dios que siempre está disponible para mí cuando me presento ante Él con un corazón verdaderamente arrepentido. ¡Qué libertad la que he experimentado y la que sigo teniendo por esta gran verdad!

PROMESAS DE DIOS PARA TI

LEE estos pasajes bíblicos muy despacio para encontrar allí las perlas de las promesas. Luego responde a las preguntas de observación y reflexión.

¡VIVE HOY ESTA INMENSA BENDICIÓN!

1.

"»No juzguen, y no se les juzgará. No condenen, y no se les condenará. Perdonen, y se les perdonará. Den, y se les dará: se les echará en el regazo una medida llena, apretada, sacudida y desbordante. Porque con la medida que midan a otros, se les medirá a ustedes». También les contó esta parábola: «¿Acaso puede un ciego guiar a otro ciego? ¿No caerán ambos en el hoyo? El discípulo no está por encima de su maestro, pero todo el que haya completado su aprendizaje, a lo sumo llega al nivel de su maestro. »¿Por qué te fijas en la astilla que tiene tu hermano en el ojo y no le das importancia a la viga que tienes en el tuyo? ¿Cómo puedes decirle a tu hermano: "Hermano, déjame sacarte la astilla del ojo", cuando tú mismo no te das cuenta de la viga en el tuyo? ¡Hipócrita! Saca primero la viga de tu propio ojo, y entonces verás con claridad para sacar la astilla del ojo de tu hermano."

Lucas 6:37-42 NVI

› ¿Cuáles son las promesas en cuanto al perdón en este pasaje bíblico?

2.

"Alaba, alma mía, al Señor; alabe todo mi ser su santo nombre. Alaba, alma mía, al Señor, y no olvides ninguno de sus beneficios. Él perdona todos tus pecados y sana todas tus dolencias; él rescata tu vida del sepulcro y te cubre de amor y compasión; él colma de bienes tu vida y te rejuvenece como a las águilas."

Salmo 103:1-5 NVI

❯ ¿Cuál es la promesa de Dios en cuanto al pecado en este pasaje bíblico?

❯ ¿Cuál es la promesa de Dios en cuanto al amor y la compasión?

3.

"A ti, Señor, elevo mi clamor desde las profundidades del abismo. Escucha, Señor, mi voz. Estén atentos tus oídos a mi voz suplicante. Si tú, Señor, tomaras en cuenta los pecados, ¿quién, Señor, sería declarado inocente? Pero en ti se halla perdón, y por eso debes ser temido."

Salmo 130:1-4 NVI

❯ ¿En quién se halla perdón según este pasaje bíblico?

❯ ¿Cuál es la razón por la que debemos temer a Dios?

> **4.** *"»Porque, si perdonan a otros sus ofensas, también los perdonará a ustedes su Padre celestial. Pero, si no perdonan a otros sus ofensas, tampoco su Padre les perdonará a ustedes las suyas."*
>
> **Mateo 6:14-15 NVI**

❯ ¿Cuál es la promesa en este pasaje bíblico?

> **5.** *"»Por tanto, hermanos, sepan que por medio de Jesús se les anuncia a ustedes el perdón de los pecados. Ustedes no pudieron ser justificados de esos pecados por la ley de Moisés, pero todo el que cree es justificado por medio de Jesús."*
>
> **Hechos 13:38-39 NVI**

> ¿Por medio de quién somos perdonados?

6. *"Pablo, apóstol de Cristo Jesús por la voluntad de Dios, a los santos y fieles en Cristo Jesús que están en Éfeso: Que Dios nuestro Padre y el Señor Jesucristo les concedan gracia y paz. Alabado sea Dios, Padre de nuestro Señor Jesucristo, que nos ha bendecido en las regiones celestiales con toda bendición espiritual en Cristo. Dios nos escogió en él antes de la creación del mundo, para que seamos santos y sin mancha delante de él. En amor nos predestinó para ser adoptados como hijos suyos por medio de Jesucristo, según el buen propósito de su voluntad, para alabanza de su gloriosa gracia, que nos concedió en su Amado. En él tenemos la redención mediante su sangre, el perdón de nuestros pecados, conforme a las riquezas de la gracia que Dios nos dio en abundancia con toda sabiduría y entendimiento."*

Efesios 1:1-8 NVI

> ¿En quién tenemos la redención mediante la sangre y el perdón de nuestros pecados?

> ¿Qué riquezas nos promete Dios darnos en abundancia?

7. *"Este es el mensaje que hemos oído de él y que les anunciamos: Dios es luz y en él no hay ninguna oscuridad. Si afirmamos que tenemos comunión con él, pero vivimos en la oscuridad, mentimos y no ponemos en práctica la verdad. Pero, si vivimos en la luz, así como él está en la luz, tenemos comunión unos con otros, y la sangre de su Hijo Jesucristo nos limpia de todo pecado. Si afirmamos que no tenemos pecado, nos engañamos a nosotros mismos y no tenemos la verdad. Si confesamos nuestros pecados, Dios, que es fiel y justo, nos los perdonará y nos limpiará de toda maldad. Si afirmamos que no hemos pecado, lo hacemos pasar por mentiroso y su palabra no habita en nosotros."*

1 Juan 1:5-10 NVI

> ¿Quién es luz?

> Si afirmamos que vivimos en la luz, ¿cómo debemos vivir?

> ¿Qué promesa nos da Dios en este pasaje bíblico en cuanto a la limpieza de todo pecado?

8. *"Cuando Salomón terminó el templo del Señor y el palacio real, llevando a feliz término todo lo que se había propuesto hacer en ellos, el Señor se le apareció una noche y le dijo: «He escuchado tu oración, y he escogido este templo para que en él se me ofrezcan sacrificios. Cuando yo cierre los cielos para que no llueva, o le ordene a la langosta que devore la tierra, o envíe pestes sobre mi pueblo, si mi pueblo, que lleva mi nombre, se humilla y ora, y me busca y abandona su mala conducta, yo lo escucharé desde el cielo, perdonaré su pecado y restauraré su tierra. Mantendré abiertos mis ojos, y atentos mis oídos a las oraciones que se eleven en este lugar. Desde ahora y para siempre escojo y consagro este templo para habitar en él. Mis ojos y mi corazón siempre estarán allí."*

2 Crónicas 7:11-16 NVI

❯ ¿Qué le dijo el Señor a Salomón en cuanto al perdón cuando terminó de construir el templo?

❯ ¿Qué más promesas le hizo en cuanto al cuidado que le iba a dar?

9. *"Busquen al Señor mientras se deje encontrar, llámenlo mientras esté cercano. Que abandone el malvado su camino, y el perverso sus pensamientos. Que se vuelva al Señor, a nuestro Dios, que es generoso para perdonar, y de él recibirá misericordia. «Porque mis pensamientos no son los de ustedes, ni sus caminos son los míos —afirma el Señor—. Mis caminos y mis pensamientos son más altos que los de ustedes; ¡más altos que los cielos sobre la tierra!"*

Isaías 55:6-9 NVI

> ¿Qué nos manda hacer Dios?

> ¿Qué debemos abandonar?

> ¿Qué recibiremos si lo hacemos?

> ¿Cuál es la promesa de Dios para nosotros en cuanto a sus pensamientos y caminos?

Oración de agradecimiento a Dios por las promesas de su perdón.

> ¡Escribe una oración a Dios y VIVE ESTAS PROMESAS EN TU VIDA!

Promesas para
RECIBIR EL AMOR DE DIOS

La necesidad número uno del ser humano es sentirse amado. Cuando tenemos nuestro tanque emocional lleno nos sentimos plenos y con mucha energía para todos los desafíos de la vida. La soledad es muy difícil y muy triste. Comer solo, viajar solo y muchas otras cosas, solo serán un placer después de haber estado con mucha gente. Pero Dios no nos hizo para estar solos, Él desea que podamos amar y ser amados por otros. Él desea que seamos canales de su amor a otros. Él nos quiere usar para su Reino, cuya base es el amor, pues la esencia de Dios es el amor. Por amor a nosotros entregó a su único Hijo para morir en la cruz y perdonar nuestros pecados, como aprendimos en la lección anterior.

Para mí, Margarita, sentirme amada por Dios ha sido lo que le ha dado sentido a mi vida, después de un divorcio hace más de 30 años (Esa fue la circunstancia que Dios utilizó en mi vida para creer en Jesús y recibirlo en mi vida como mi Salvador). Saber que mi Padre Celestial me ama tierna y eternamente me da muchísima seguridad. Mi identidad está en ser ahora su hija amada. También puede serlo para ti si te apropias de estas promesas y las vives en tu vida cada día.

PROMESAS DE DIOS PARA TI

LEE estos pasajes bíblicos muy despacio para encontrar allí las perlas de las promesas. Luego responde a las preguntas de observación y reflexión.

¡VIVE HOY ESTA INMENSA BENDICIÓN!

1. *"Recordaré el gran amor del Señor, y sus hechos dignos de alabanza, por todo lo que hizo por nosotros, por su compasión y gran amor. ¡Sí, por la multitud de cosas buenas que ha hecho por los descendientes de Israel! Declaró: «Verdaderamente son mi pueblo, hijos que no me engañarán». Así se convirtió en el Salvador de todas sus angustias. Él mismo los salvó; no envió un emisario ni un ángel. En su amor y misericordia los rescató; los levantó y los llevó en sus brazos como en los tiempos de antaño."*

Isaías 63:7-9 NVI

⟩ ¿Qué es lo que el profeta Isaías quiere que recordemos?

⟩ ¿Cuál fue la motivación de Dios para rescatarnos?

2.

"En aquel tiempo —afirma el Señor— seré el Dios de todas las familias de Israel, y ellos serán mi pueblo». Así dice el Señor: «El pueblo que escapó de la espada ha hallado gracia en el desierto; Israel va en busca de su reposo». Hace mucho tiempo se me apareció el Señor y me dijo: «Con amor eterno te he amado; por eso te sigo con fidelidad,"

Jeremías 31:1-3 NVI

› ¿Cuál es la promesa de Dios al profeta Jeremías y a nosotros, sobre cómo es el amor de Dios?

3.

"»No ruego solo por estos. Ruego también por los que han de creer en mí por el mensaje de ellos, para que todos sean uno. Padre, así como tú estás en mí y yo en ti, permite que ellos también estén en nosotros, para que el mundo crea que tú me has enviado. Yo les he dado la gloria que me diste, para que sean uno, así como nosotros somos uno: yo en ellos y tú en mí. Permite que alcancen la perfección en la unidad, y así el mundo reconozca que tú me enviaste y que los has amado a ellos tal como me has amado a mí. »Padre, quiero que los que me has dado estén conmigo donde yo estoy. Que vean mi gloria, la gloria que me has dado porque me amaste desde antes de la creación del mundo. »Padre justo, aunque el mundo no te conoce, yo sí te conozco, y estos reconocen que tú me enviaste. Yo les he dado a conocer quién eres, y seguiré haciéndolo, para que el amor con que me has amado esté en ellos, y yo mismo esté en ellos»."

Juan 17:20-26 NVI

> ¿Por quiénes está orando Jesús?

> ¿Qué es lo que le pide Jesús a su Padre?

> ¿Qué más le pide Jesús a su Padre en cuanto al amor?

4. *"En consecuencia, ya que hemos sido justificados mediante la fe, tenemos paz con Dios por medio de nuestro Señor Jesucristo. También por medio de él, y mediante la fe, tenemos acceso a esta gracia en la cual nos mantenemos firmes. Así que nos regocijamos en la esperanza de alcanzar la gloria de Dios. Y no solo en esto, sino también en nuestros sufrimientos, porque sabemos que el sufrimiento produce perseverancia; la perseverancia, entereza de carácter; la entereza de carácter, esperanza. Y esta esperanza no nos defrauda, porque Dios ha derramado su amor en nuestro corazón por el Espíritu Santo que nos ha dado. A la verdad, como éramos incapaces de salvarnos, en el tiempo señalado Cristo murió por los malvados. Difícilmente habrá quien muera por un justo, aunque tal vez haya quien se atreva a morir por una persona buena. Pero Dios demuestra su amor por nosotros en esto: en que cuando todavía éramos pecadores, Cristo murió por nosotros. Y ahora que hemos sido justificados por su sangre, ¡con cuánta más razón, por medio de él, seremos salvados del castigo de Dios! Porque si, cuando éramos enemigos de Dios, fuimos reconciliados con él mediante la muerte de su Hijo, ¡con cuánta más razón, habiendo sido reconciliados, seremos salvados por su vida! Y no solo esto, sino que también nos regocijamos en Dios por nuestro Señor Jesucristo, pues gracias a él ya hemos recibido la reconciliación."*

Romanos 5:1-11 NVI

> ¿Qué es lo que Dios ha derramado en nuestro corazón por medio de su Espíritu Santo?

> ¿Cómo demostró Dios su amor por nosotros?

5. *"Ahora bien, sabemos que Dios dispone todas las cosas para el bien de quienes lo aman, los que han sido llamados de acuerdo con su propósito. Porque a los que Dios conoció de antemano, también los predestinó a ser transformados según la imagen de su Hijo, para que él sea el primogénito entre muchos hermanos. A los que predestinó, también los llamó; a los que llamó, también los justificó; y a los que justificó, también los glorificó. ¿Qué diremos frente a esto? Si Dios está de nuestra parte, ¿quién puede estar en contra nuestra? El que no escatimó ni a su propio Hijo, sino que lo entregó por todos nosotros, ¿cómo no habrá de darnos generosamente, junto con él, todas las cosas? ¿Quién acusará a los que Dios ha escogido? Dios es el que justifica. ¿Quién condenará? Cristo Jesús es el que murió, e incluso resucitó, y está a la derecha de Dios e intercede por nosotros. ¿Quién nos apartará del amor de Cristo? ¿La tribulación, o la angustia, la persecución, el hambre, la indigencia, el peligro, o la violencia? Así está escrito: «Por tu causa siempre nos llevan a la muerte; ¡nos tratan como a ovejas para el matadero!» Sin embargo, en todo esto somos más que vencedores por medio de aquel que nos amó. Pues estoy convencido de que ni la muerte ni la vida, ni los ángeles ni los demonios, ni lo presente ni lo por venir, ni los poderes, ni lo alto ni lo profundo, ni cosa alguna en toda la creación podrá apartarnos del amor que Dios nos ha manifestado en Cristo Jesús nuestro Señor."*

Romanos 8:28-39 NVI

❯ ¿Para bien de quiénes dispone Dios todas las cosas?

❯ ¿Qué nos podrá apartar del amor de Dios?

6.

"En fin, hermanos, alégrense, busquen su restauración, hagan caso de mi exhortación, sean de un mismo sentir, vivan en paz. Y el Dios de amor y de paz estará con ustedes. Salúdense unos a otros con un beso santo. Todos los santos les mandan saludos. Que la gracia del Señor Jesucristo, el amor de Dios y la comunión del Espíritu Santo sean con todos ustedes."

2 Corintios 13:11-14 NVI

❯ ¿Cuáles son las promesas en este pasaje bíblico?

https://sentidoatuvida.org

7.

"¡Fíjense qué gran amor nos ha dado el Padre, que se nos llame hijos de Dios! ¡Y lo somos! El mundo no nos conoce, precisamente porque no lo conoció a él. Queridos hermanos, ahora somos hijos de Dios, pero todavía no se ha manifestado lo que habremos de ser. Sabemos, sin embargo, que cuando Cristo venga seremos semejantes a él, porque lo veremos tal como él es. Todo el que tiene esta esperanza en Cristo se purifica a sí mismo, así como él es puro."

1 Juan 3:1-3 NVI

› ¿Cuáles son las promesas en este pasaje bíblico?

8.

"Queridos hermanos, amémonos los unos a los otros, porque el amor viene de Dios, y todo el que ama ha nacido de él y lo conoce. El que no ama no conoce a Dios, porque Dios es amor. Así manifestó Dios su amor entre nosotros: en que envió a su Hijo unigénito al mundo para que vivamos por medio de él. En esto consiste el amor: no en que nosotros hayamos amado a Dios, sino en que él nos amó y envió a su Hijo para que fuera ofrecido como sacrificio por el perdón de nuestros pecados. Queridos hermanos, ya que Dios nos ha amado así, también nosotros debemos amarnos los unos a los otros. Nadie ha visto jamás a Dios, pero, si nos amamos los unos a los otros, Dios permanece

entre nosotros, y entre nosotros su amor se ha manifestado plenamente. ¿Cómo sabemos que permanecemos en él, y que él permanece en nosotros? Porque nos ha dado de su Espíritu. Y nosotros hemos visto y declaramos que el Padre envió a su Hijo para ser el Salvador del mundo. Si alguien reconoce que Jesús es el Hijo de Dios, Dios permanece en él, y él en Dios. Y nosotros hemos llegado a saber y creer que Dios nos ama. Dios es amor. El que permanece en amor, permanece en Dios, y Dios en él. Ese amor se manifiesta plenamente entre nosotros para que en el día del juicio comparezcamos con toda confianza, porque en este mundo hemos vivido como vivió Jesús. En el amor no hay temor, sino que el amor perfecto echa fuera el temor. El que teme espera el castigo, así que no ha sido perfeccionado en el amor. Nosotros amamos porque él nos amó primero. Si alguien afirma: «Yo amo a Dios», pero odia a su hermano, es un mentiroso; pues el que no ama a su hermano, a quien ha visto, no puede amar a Dios, a quien no ha visto. Y él nos ha dado este mandamiento: el que ama a Dios, ame también a su hermano."

1 Juan 4:7-21 NVI

❭ ¿Cuál es el gran mandamiento en este pasaje bíblico?

❭ ¿De dónde viene el amor?

> ¿Cómo podemos permanecer en Dios?

> ¿Qué es lo que no hay en el amor según este pasaje bíblico?

Oración de agradecimiento a Dios por las promesas de su amor eterno.

> ¡Escribe una oración a Dios y VIVE ESTAS PROMESAS EN TU VIDA!

Promesas para
RECIBIR LA PAZ DE DIOS

La Paz de Dios es un regalo que viene como fruto del Espíritu Santo.

> *"En cambio, el fruto del Espíritu es amor, alegría, paz, paciencia, amabilidad, bondad, fidelidad, humildad y dominio propio. No hay ley que condene estas cosas."*
>
> *Gálatas 5:22-23 NVI*

Cuando aprendemos que esa Paz de Dios solo la podemos obtener cuando le pedimos a Él que nos llene de su Santo Espíritu, esta será una oración que incluiremos en nuestra vida cada día. Todos sabemos que el mundo en el que vivimos está en caos y que muchas de estas situaciones se inician en el corazón del ser humano. De allí salen las guerras, los conflictos en las familias, las envidias, los robos, la infidelidad, el odio, el egoísmo y muchos otros males que afectan nuestra vida y la de nuestros seres queridos. Todo esto se llama pecado y es como un virus que ha dañado a la humanidad generación tras generación. ¡Por eso vino Jesús a morir en la cruz y a ser el único que puede sanarnos, limpiarnos y darnos una nueva vida!

Para mí, Margarita, mi búsqueda diaria ha sido tener esa Paz de Dios. He pasado por muchos desafíos en mi vida, y solo en mi completa dependencia de Jesús y de sus promesas me he mantenido con su preciosa PAZ.

PROMESAS DE DIOS PARA TI

LEE estos pasajes bíblicos muy despacio para encontrar allí las perlas de las promesas. Luego responde a las preguntas de observación y reflexión.

¡VIVE HOY ESTA INMENSA BENDICIÓN!

1. *"Algunos de sus discípulos comentaban entre sí: «¿Qué quiere decir con eso de que "dentro de poco ya no me verán", y "un poco después volverán a verme", y "porque voy al Padre"?» E insistían: «¿Qué quiere decir con eso de "dentro de poco"? No sabemos de qué habla». Jesús se dio cuenta de que querían hacerle preguntas acerca de esto, así que les dijo: —¿Se están preguntando qué quise decir cuando dije: "Dentro de poco ya no me verán", y "un poco después volverán a verme"? Ciertamente les aseguro que ustedes llorarán de dolor, mientras que el mundo se alegrará. Se pondrán tristes, pero su tristeza se convertirá en alegría. La mujer que está por dar a luz siente dolores porque ha llegado su momento, pero en cuanto nace la criatura se olvida de su angustia por la alegría de haber traído al mundo un nuevo ser. Lo mismo les pasa a ustedes: Ahora están tristes, pero cuando vuelva a verlos se alegrarán, y nadie les va a quitar esa alegría. En aquel día ya no me preguntarán nada. Ciertamente les aseguro que mi Padre les dará todo lo que le pidan en mi nombre. Hasta ahora no han pedido nada en mi nombre. Pidan y recibirán, para que su alegría sea completa. »Les he dicho todo esto por medio de comparaciones, pero viene la hora en que ya no les hablaré así, sino que les hablaré claramente acerca de mi Padre. En aquel día pedirán en mi nombre. Y no digo que voy a rogar por*

ustedes al Padre, ya que el Padre mismo los ama porque me han amado y han creído que yo he venido de parte de Dios. Salí del Padre y vine al mundo; ahora dejo de nuevo el mundo y vuelvo al Padre». —Ahora sí estás hablando directamente, sin vueltas ni rodeos —le dijeron sus discípulos—. Ya podemos ver que sabes todas las cosas, y que ni siquiera necesitas que nadie te haga preguntas. Por esto creemos que saliste de Dios. —¿Hasta ahora me creen? —contestó Jesús—. Miren que la hora viene, y ya está aquí, en que ustedes serán dispersados, y cada uno se irá a su propia casa y a mí me dejarán solo. Sin embargo, solo no estoy, porque el Padre está conmigo. Yo les he dicho estas cosas para que en mí hallen paz. En este mundo afrontarán aflicciones, pero ¡anímense! Yo he vencido al mundo."

Juan 16:17-33 NVI

❯ Según este pasaje bíblico, ¿qué nos enseña Jesús sobre en dónde encontrar la verdadera Paz?

2. *"En aquel día se entonará esta canción en la tierra de Judá: «Tenemos una ciudad fuerte. Como un muro, como un baluarte, Dios ha interpuesto su salvación. Abran las puertas, para que entre la nación justa que se mantiene fiel. Al de carácter firme lo guardarás en perfecta paz, porque en ti confía. Confíen en el Señor para siempre, porque el Señor es una Roca eterna. Él hace caer a los que habitan en lo alto y abate a la ciudad enaltecida: la abate hasta dejarla por el suelo, la derriba hasta hacerla morder el polvo. ¡Los débiles y los desvalidos la pisotean con sus propios pies!» La senda del justo es llana; tú, que eres recto, allanas su camino. Sí, en ti esperamos, Señor, y en la senda de tus juicios; tu nombre y tu memoria son el deseo de nuestra vida. Todo mi ser te desea por las noches; por la mañana mi espíritu te busca. Pues, cuando tus juicios llegan a la tierra, los habitantes del mundo aprenden lo que es justicia. Aunque al malvado se le tenga compasión, no aprende lo que es justicia; en tierra de rectitud actúa con iniquidad, y no reconoce la majestad del Señor. Levantada está, Señor, tu mano, pero ellos no la ven. ¡Que vean tu celo por el pueblo, y sean avergonzados; que sean consumidos por el fuego destinado a tus enemigos! Señor, tú estableces la paz en favor nuestro, porque tú eres quien realiza todas nuestras obras."*

Isaías 26:1-12 NVI

> ¿Cuál es la promesa de Dios, en cuanto a quiénes tendremos su Paz?

> ¿Quién establece la Paz a favor nuestro y realiza todas nuestras obras?

3. *"»Si ustedes me aman, obedecerán mis mandamientos. Y yo le pediré al Padre, y él les dará otro Consolador para que los acompañe siempre: el Espíritu de verdad, a quien el mundo no puede aceptar porque no lo ve ni lo conoce. Pero ustedes sí lo conocen, porque vive con ustedes y estará en ustedes. No los voy a dejar huérfanos; volveré a ustedes. Dentro de poco el mundo ya no me verá más, pero ustedes sí me verán. Y porque yo vivo, también ustedes vivirán. En aquel día ustedes se darán cuenta de que yo estoy en mi Padre, y ustedes en mí, y yo en ustedes. ¿Quién es el que me ama? El que hace suyos mis mandamientos y los obedece. Y al que me ama, mi Padre lo amará, y yo también lo amaré y me manifestaré a él». Judas (no el Iscariote) le dijo: —¿Por qué, Señor, estás dispuesto a manifestarte a nosotros, y no al mundo? Le contestó Jesús: —El que me ama, obedecerá mi palabra, y mi Padre lo amará, y haremos nuestra morada en él. El que no me ama, no obedece mis palabras. Pero estas palabras que ustedes oyen no son mías, sino del Padre, que me envió. »Todo esto lo digo ahora que estoy con ustedes. Pero el Consolador, el Espíritu Santo, a quien el Padre enviará en mi nombre, les enseñará todas las cosas y les hará recordar todo lo que les he dicho. La paz les dejo; mi paz les doy. Yo no se la doy a ustedes como la da el mundo. No se angustien ni se acobarden. »Ya me han oído decirles: "Me voy, pero vuelvo a ustedes". Si me amaran, se alegrarían de que voy al Padre, porque el Padre es más grande que yo. Y les he dicho esto ahora, antes de que suceda, para que cuando suceda, crean. Ya no hablaré más con ustedes, porque viene el príncipe de este mundo. Él no tiene ningún dominio sobre mí, pero el mundo tiene que saber que amo al Padre, y que hago exactamente lo que él me ha ordenado que haga. »¡Levántense, vámonos de aquí!"*

Juan 14:15-31 NVI

❯ ¿Qué les aseguró Jesús a sus discípulos y a nosotros que nos dejaría, una vez partiera de este mundo?

❯ ¿Qué promesa nos hizo Jesús en cuanto a la Paz?

4. *"Alégrense siempre en el Señor. Insisto: ¡Alégrense! Que su amabilidad sea evidente a todos. El Señor está cerca. No se inquieten por nada; más bien, en toda ocasión, con oración y ruego, presenten sus peticiones a Dios y denle gracias. Y la paz de Dios, que sobrepasa todo entendimiento, cuidará sus corazones y sus pensamientos en Cristo Jesús. Por último, hermanos, consideren bien todo lo verdadero, todo lo respetable, todo lo justo, todo lo puro, todo lo amable, todo lo digno de admiración, en fin, todo lo que sea excelente o merezca elogio. Pongan en práctica lo que de mí han aprendido, recibido y oído, y lo que han visto en mí, y el Dios de paz estará con ustedes."*

Filipenses 4:4-9 NVI

❯ ¿Cuál es la promesa de Dios en cuanto a la Paz?

5. *"Responde a mi clamor, Dios mío y defensor mío. Dame alivio cuando esté angustiado, apiádate de mí y escucha mi oración. Y ustedes, señores, ¿hasta cuándo cambiarán mi gloria en vergüenza? ¿Hasta cuándo amarán ídolos vanos e irán en pos de lo ilusorio? Selah Sepan que el Señor honra al que le es fiel; el Señor me escucha cuando lo llamo. Si se enojan, no pequen; en la quietud del descanso nocturno examínense el corazón. Selah Ofrezcan sacrificios de justicia y confíen en el Señor. Muchos son los que dicen: «¿Quién puede mostrarnos algún bien?» ¡Haz, Señor, que sobre nosotros brille la luz de tu rostro! Tú has hecho que mi corazón rebose de alegría, alegría mayor que la que tienen los que disfrutan de trigo y vino en abundancia. En paz me acuesto y me duermo, porque solo tú, Señor, me haces vivir confiado."*

Salmo 4:1-8 NVI

❭ ¿Quién me hace dormir en Paz?

6. *"Ya que han resucitado con Cristo, busquen las cosas de arriba, donde está Cristo sentado a la derecha de Dios. Concentren su atención en las cosas de arriba, no en las de la tierra, pues ustedes han muerto y su vida está escondida con Cristo en Dios. Cuando Cristo, que es la vida de ustedes, se manifieste, entonces también ustedes serán manifestados con él en gloria. Por tanto, hagan morir todo lo que es propio de la naturaleza terrenal: inmoralidad sexual, impureza, bajas pasiones, malos deseos y avaricia, la cual es idolatría. Por estas cosas viene el castigo de Dios. Ustedes las* *practicaron en otro tiempo, cuando vivían en ellas. Pero ahora abandonen también todo esto: enojo, ira, malicia, calumnia y lenguaje obsceno. Dejen de mentirse unos a otros, ahora que se han quitado el ropaje de la vieja naturaleza con sus vicios, y se han puesto el de la nueva naturaleza, que se va renovando en conocimiento a imagen de su creador. En esta nueva naturaleza no hay griego ni judío, circunciso ni incircunciso, culto ni inculto, esclavo ni libre, sino que Cristo es todo y está en todos. Por lo tanto, como escogidos de Dios, santos y amados, revístanse de afecto entrañable y de bondad, humildad, amabilidad y paciencia, de modo que se toleren unos a otros y se perdonen si alguno tiene queja contra otro. Así como el Señor los perdonó, perdonen también ustedes. Por encima de todo, vístanse de amor, que es el vínculo perfecto. Que gobierne en sus corazones la paz de Cristo, a la cual fueron llamados en un solo cuerpo. Y sean agradecidos. Que habite en ustedes la palabra de Cristo con toda su riqueza: instrúyanse y aconséjense unos a otros con toda sabiduría; canten salmos, himnos y canciones espirituales a Dios, con gratitud de corazón. Y todo lo que hagan, de palabra o de obra, háganlo en el nombre del Señor Jesús, dando gracias a Dios el Padre por medio de él."*

Colosenses 3:1-17 NVI

❭ ¿Qué es lo que nos pide Dios que reine en nuestros corazones?

Oración de agradecimiento a Dios por las promesas de recibir su perfecta PAZ.

> ¡Escribe una oración a Dios y VIVE ESTAS PROMESAS EN TU VIDA!

Promesas para
RECIBIR LA GUÍA DE DIOS

La guía de Dios es sumamente importante para tomar decisiones. ¿En qué nos basamos para tomarlas? Es muy valioso tener la Biblia como libro de principios donde sabemos qué está bien y qué está mal. Ya no tenemos que adivinar si mentir es malo, pues la Palabra de Dios nos dice claramente que es pecado. Igual sucede con robar, cometer adulterio, odiar, tener soberbia, mantenernos enojados, administrar mal el tiempo y el dinero, etc. Ya sabemos que si tratamos de vivir a nuestra manera, olvidando a Dios y sus principios, estaremos en pecado y causaremos un rompimiento en nuestra relación con Dios y con los demás. El pecado hace muchísimo daño, y aunque muchas veces intentemos vivir ignorando a Dios, sabemos que esto no resultará bien, pues se cosecha lo que se siembra.

Para mí, Margarita, quien les habla, también ha sido y sigue siendo un aprendizaje diario. Le pido a Dios que me siga dando un corazón obediente, pues mi corazón es rebelde y quiero hacer las cosas a mi manera. Dios, como Padre Celestial, sabe qué es lo mejor para nosotros y por eso pone límites basados en el amor, como hacemos nosotros con nuestros hijos. Seguir estudiando día a día su Palabra es una manera de saber qué está bien y qué está mal. Dios me guía a través de su mayor carta de amor que es la Biblia.

PROMESAS DE DIOS PARA TI

LEE estos pasajes bíblicos muy despacio para encontrar allí las perlas de las promesas. Luego responde a las preguntas de observación y reflexión.

¡VIVE HOY ESTA INMENSA BENDICIÓN!

1.

"Tú eres mi refugio; tú me protegerás del peligro y me rodearás con cánticos de liberación. Selah El Señor dice: «Yo te instruiré, yo te mostraré el camino que debes seguir; yo te daré consejos y velaré por ti. No seas como el mulo o el caballo, que no tienen discernimiento, y cuyo brío hay que domar con brida y freno, para acercarlos a ti». Muchas son las calamidades de los malvados, pero el gran amor del Señor envuelve a los que en él confían. ¡Alégrense, ustedes los justos; regocíjense en el Señor! ¡canten todos ustedes, los rectos de corazón!"

Salmo 32:7-11 NVI

❯ ¿Cuál es la promesa de Dios en cuanto a guiarme cada día?

2.

"Esta es la carta que el profeta Jeremías envió desde Jerusalén al resto de los ancianos que estaban en el exilio, a los sacerdotes y los profetas, y a todo el pueblo que Nabucodonosor había desterrado de Jerusalén a Babilonia. Esto sucedió después de que el rey Jeconías había salido de Jerusalén, junto con la reina madre, los eunucos, los jefes de Judá y de Jerusalén, los artesanos y los herreros. La carta fue enviada por medio de Elasá hijo de Safán, y de Guemarías hijo de Jilquías, a quienes Sedequías, rey de Judá, había enviado al rey Nabucodonosor, rey de Babilonia. La carta decía: Así dice el Señor Todopoderoso, el Dios de Israel, a todos los que he deportado de Jerusalén a Babilonia: «Construyan casas y habítenlas; planten huertos y coman de su fruto. Cásense, y tengan hijos e hijas; y casen a sus hijos e hijas, para que a su vez ellos les den nietos. Multiplíquense allá, y no disminuyan. Además, busquen el bienestar de la ciudad adonde los he deportado, y pidan al Señor por ella, porque el bienestar de ustedes depende del bienestar de la ciudad». Así dice el Señor Todopoderoso, el Dios de Israel: «No se dejen engañar por los profetas ni por los adivinos que están entre ustedes. No hagan caso de los sueños que ellos tienen. Lo que ellos les profetizan en mi nombre es una mentira. Yo no los he enviado», afirma el Señor. Así dice el Señor: «Cuando a Babilonia se le hayan cumplido los setenta años, yo los visitaré; y haré honor a mi promesa en favor de ustedes, y los haré volver a este lugar. Porque yo sé muy bien los planes que tengo para ustedes —afirma el Señor—, planes de bienestar y no de calamidad, a fin de darles un futuro y una esperanza. Entonces ustedes me invocarán, y vendrán a suplicarme, y yo los escucharé. Me buscarán y me encontrarán cuando me busquen de todo corazón. Me dejaré encontrar —afirma el Señor—, y los haré volver del cautiverio. Yo los reuniré de todas las naciones y de todos los adonde los haya dispersado, y los haré volver al lugar del cual los deporté», afirma el Señor."

Jeremías 29:1-14 NVI

> ¿Cuál es la promesa del Señor en cuanto a los planes que tiene para nosotros?

Oración de agradecimiento a Dios por las promesas de recibir la guía De Dios.

> ¡Escribe una oración a Dios y VIVE ESTAS PROMESAS EN TU VIDA!

En esta lección tendrás tiempo para repasar las primeras seis lecciones, anotar en este espacio las promesas que Dios te ha regalado hasta ahora y compartirlas con tu grupo si estás haciendo este estudio con otras personas.

Comparte:

> ¿Cómo te ha ayudado Dios hasta hoy a vivir más sus promesas y por qué?

Promesas para
TENER SALUD

Cada día vamos envejeciendo y nuestro cuerpo se va debilitando, unos más débiles que otros. Es parte del proceso normal de la vida. La fragilidad también está en nuestro corazón, que ha sido afectado por nuestras buenas y malas decisiones. También nos afectan en gran manera las decisiones de los demás, para bien o para mal. Por eso cuando hablamos de salud no es solo sanidad física, sino también emocional y espiritual. Muchas de las enfermedades son el resultado de un impacto emocional en nuestra vida, pues se bajan las defensas y el cuerpo es más vulnerable para recibir todos los virus y bacterias. Por eso debemos vivir más tranquilos y confiando de todo corazón en Dios, para cuidar nuestra salud integral.

Para mí, Margarita, fue el impacto de una enfermedad seria, Hepatitis C, hace más de 10 años. Gracias a Dios y a un tratamiento muy fuerte salí victoriosa. Sigo cuidándome cada día y esta es una de mis mayores responsabilidades delante de Dios. Deseo vivir con salud y con energía para bendecir a mi familia y para poder seguir sirviendo al Señor hasta cuando me llame a su Presencia.

PROMESAS DE DIOS PARA TI

LEE estos pasajes bíblicos muy despacio para encontrar allí las perlas de las promesas. Luego responde a las preguntas de observación y reflexión.

¡VIVE HOY ESTA INMENSA BENDICIÓN!

1. *"Les dijo: «Yo soy el Señor su Dios. Si escuchan mi voz y hacen lo que yo considero justo, y si cumplen mis leyes y mandamientos, no traeré sobre ustedes ninguna de las enfermedades que traje sobre los egipcios. Yo soy el Señor, que les devuelve la salud»."*

Éxodo 15:26 NVI

› ¿Cuál es la promesa en este pasaje bíblico?

2. *"»Adora al Señor tu Dios, y él bendecirá tu pan y tu agua. »Yo apartaré de ustedes toda enfermedad."*

Éxodo 23:25 NVI

› ¿Cuál es la promesa en este pasaje bíblico?

3. *"No había salido Isaías del patio central, cuando le llegó la palabra del Señor: «Regresa y dile a Ezequías, gobernante de mi pueblo, que así dice el Señor, Dios de su antepasado David: "He escuchado tu oración y he visto tus lágrimas. Voy a sanarte, y en tres días podrás subir al templo del Señor. Voy a darte quince años más de vida. Y a ti y a esta ciudad los libraré de caer en manos del rey de Asiria. Yo defenderé esta ciudad por mi causa y por consideración a David mi siervo"»."*

2 Reyes 20:4-6 NVI

❯ ¿Cuál es la promesa bíblica al profeta Isaías, después de orar?

4. *"Dichoso el que piensa en el débil; el Señor lo librará en el día de la desgracia. El Señor lo protegerá y lo mantendrá con vida; lo hará dichoso en la tierra y no lo entregará al capricho de sus adversarios. El Señor lo confortará cuando esté enfermo; lo alentará en el lecho del dolor."*

Salmo 41:1-3 NVI

❯ ¿Cuál es la promesa en este pasaje bíblico en cuanto a la salud?

5. *"¡Aleluya! ¡Alabado sea el Señor! ¡Cuán bueno es cantar salmos a nuestro Dios, cuán agradable y justo es alabarlo! El Señor reconstruye a Jerusalén y reúne a los exiliados de Israel; restaura a los de corazón quebrantado y cubre con vendas sus heridas."*

Salmo 147:1-3 NVI

❯ ¿Cuál es la promesa en este pasaje bíblico en cuanto a la salud?

....

....

....

....

....

6. *"Alaba, alma mía, al Señor; alabe todo mi ser su santo nombre. Alaba, alma mía, al Señor, y no olvides ninguno de sus beneficios. Él perdona todos tus pecados y sana todas tus dolencias; él rescata tu vida del sepulcro y te cubre de amor y compasión; él colma de bienes tu vida y te rejuvenece como a las águilas."*

Salmo 103:1-5 NVI

❯ ¿Cuáles promesas hay en este pasaje bíblico en cuanto a la salud?

....

....

....

....

7.

"He visto sus caminos, pero lo sanaré; lo guiaré y lo colmaré de consuelo. Y a los que lloran por él les haré proclamar esta alabanza: ¡Paz a los que están lejos, y paz a los que están cerca! Yo los sanaré —dice el Señor—,"

Isaías 57:18-19 NVI

❯ ¿Cuál es la promesa de Dios en este pasaje bíblico en cuanto la salud?

8.

"Pero yo te restauraré y sanaré tus heridas —afirma el Señor— porque te han llamado la Desechada, la pobre Sión, la que a nadie le importa"."

Jeremías 30:17 NVI

❯ ¿Cuáles son las promesas de Dios en este pasaje bíblico en cuanto a la salud?

https://sentidoatuvida.org

9. *"»"Sin embargo, les daré salud y los curaré; los sanaré y haré que disfruten de abundante paz y seguridad."*

Jeremías 33:6 NVI

› ¿Cuáles promesas hay en este pasaje bíblico?

10. *"Al entrar Jesús en Capernaúm, se le acercó un centurión pidiendo ayuda. —Señor, mi siervo está postrado en casa con parálisis, y sufre terriblemente. —Iré a sanarlo —respondió Jesús. —Señor, no merezco que entres bajo mi techo. Pero basta con que digas una sola palabra, y mi siervo quedará sano. Porque yo mismo soy un hombre sujeto a órdenes superiores, y además tengo soldados bajo mi autoridad. Le digo a uno: "Ve", y va, y al otro: "Ven", y viene. Le digo a mi siervo: "Haz esto", y lo hace. Al oír esto, Jesús se asombró y dijo a quienes lo seguían: —Les aseguro que no he encontrado en Israel a nadie que tenga tanta fe. Les digo que muchos vendrán del oriente y del occidente, y participarán en el banquete con Abraham, Isaac y Jacob en el reino de los cielos. Pero a los súbditos del reino se les echará afuera, a la oscuridad, donde habrá llanto y rechinar de dientes. Luego Jesús le dijo al centurión: —¡Ve! Todo se hará tal como creíste. Y en esa misma hora aquel siervo quedó sano. Cuando Jesús entró en casa de Pedro, vio a la suegra de este en cama, con fiebre. Le tocó la mano y la fiebre se le quitó; luego ella se levantó y comenzó a servirle. Al atardecer, le llevaron muchos*

> *endemoniados, y con una sola palabra expulsó a los espíritus, y sanó a todos los enfermos. Esto sucedió para que se cumpliera lo dicho por el profeta Isaías: «Él cargó con nuestras enfermedades y soportó nuestros dolores»."*
>
> *Mateo 8:5-17 NVI*

❯ ¿Qué le dijo Jesús al centurión después de que le pidió ayuda para que sanara su siervo?

❯ ¿Qué milagro hizo Jesús en el siervo del centurión?

❯ ¿Quién estaba enferma en la casa de Pedro cuando Jesús entro? ¿Qué enfermedad tenía?

❯ ¿Qué milagro hizo Jesús en la casa de Pedro?

❯ ¿Qué hizo la suegra de Pedro después de haber sido sanada por Jesús?

> ¿Qué hizo Jesús con nuestras enfermedades al morir en la cruz?

....

....

....

11.

"¿Está afligido alguno entre ustedes? Que ore. ¿Está alguno de buen ánimo? Que cante alabanzas. ¿Está enfermo alguno de ustedes? Haga llamar a los ancianos de la iglesia para que oren por él y lo unjan con aceite en el nombre del Señor. La oración de fe sanará al enfermo y el Señor lo levantará. Y, si ha pecado, su pecado se le perdonará. Por eso, confiésense unos a otros sus pecados, y oren unos por otros, para que sean sanados. La oración del justo es poderosa y eficaz. Elías era un hombre con debilidades como las nuestras. Con fervor oró que no lloviera, y no llovió sobre la tierra durante tres años y medio. Volvió a orar, y el cielo dio su lluvia y la tierra produjo sus frutos."

Santiago 5:13-18 NVI

> ¿Qué debemos hacer cuando alguien está enfermo, según este pasaje bíblico?

....

....

....

> ¿Qué poder tiene la oración de fe sobre las enfermedades?

....

....

....

12. *"Cuando proferían insultos contra él, no replicaba con insultos; cuando padecía, no amenazaba, sino que se entregaba a aquel que juzga con justicia. Él mismo, en su cuerpo, llevó al madero nuestros pecados, para que muramos al pecado y vivamos para la justicia. Por sus heridas ustedes han sido sanados. Antes eran ustedes como ovejas descarriadas, pero ahora han vuelto al Pastor que cuida de sus vidas."*

1 Pedro 2:23-25 NVI

> ¿Qué hizo Jesús en la cruz con nuestras enfermedades?

Oración de agradecimiento a Dios por las promesas de SALUD.

> ¡Escribe una oración a Dios y VIVE ESTAS PROMESAS EN TU VIDA!

Promesas para
TENER BUENAS RELACIONES

Para tener buenas relaciones con los demás debemos aprender todos los días a respetarnos en las diferencias, a orar por quienes nos persiguen; aprender a perdonar con la ayuda de Dios. La Biblia está llena de principios, especialmente en el libro de Proverbios, que nos enseñan a tener buenas relaciones con los demás. Sabemos que en la práctica esto no es fácil. Somos seres complejos, con emociones que a veces nos impiden ver más objetivamente las situaciones difíciles. Lo cierto es que en toda relación siempre hay dos lados y, por supuesto, siempre vemos primero el nuestro sin considerar lo que el otro está pensando y sintiendo. Creo que algunos de los pecados que más afectan esta área son el egoísmo y la soberbia. Queremos que se haga a nuestra manera y en el momento en que lo deseamos. Somos tremendamente impacientes y por eso vamos perdiendo relaciones preciosas que nos ha costado mucho edificar. Otra parte triste en las relaciones son los celos, los cuales no nos permiten disfrutar los éxitos de otros pues queremos tener todo el reconocimiento solo para nosotros.

Para mí, Margarita, también ha sido un gran desafío mantener la paz con personas a las que no les caigo muy bien, y quienes tendrán sus valiosas razones. Pero siempre en mi corazón, cuando siento una tensión o lejanía en una relación, se la pongo a Dios en mis oraciones. No hay otra manera mejor de procesar estas relaciones tensas que orar por ellas. Poco a poco el Señor va calmando los ánimos y suavizando nuestros corazones. A veces hay situaciones muy malsanas que nos hacen mucho daño y frente a las cuales es mejor guardar un poco de distancia. Esa distancia nos protegerá de salir más heridos y nos permitirá avanzar. Jesús también tuvo que lidiar con sus propios discípulos y con sus caracteres, incluyendo a Judas que lo traicionó. Por eso es tan importante pedirle a Dios que nos ayude en esta área tan importante en la vida como son las relaciones personales.

PROMESAS DE DIOS PARA TI

LEE estos pasajes bíblicos muy despacio para encontrar allí las perlas de las promesas. Luego responde a las preguntas de observación y reflexión.

¡VIVE HOY ESTA INMENSA BENDICIÓN!

1. *"En todo tiempo ama el amigo; para ayudar en la adversidad nació el hermano."*

Proverbios 17:17 NVI

› ¿En qué tiempo ama el verdadero amigo y cuál es el propósito de la amistad?

2. *"Y este es mi mandamiento: que se amen los unos a los otros, como yo los he amado. Nadie tiene amor más grande que el dar la vida por sus amigos. Ustedes son mis amigos si hacen lo que yo les mando. Ya no los llamo siervos, porque el siervo no está al tanto de lo que hace su amo; los he llamado amigos, porque todo lo que a mi Padre le oí decir se lo he dado a conocer a ustedes. No me escogieron ustedes a mí, sino que yo los escogí a ustedes y los comisioné para que vayan y den fruto, un fruto que perdure. Así el Padre les dará todo lo que le pidan en mi nombre. Este es mi mandamiento: que se amen los unos a los otros."*

Juan 15:12-17 NVI

❯ ¿Cuál es el gran mandamiento que Dios nos dio en cuanto a la amistad?

3. *"El que con sabios anda, sabio se vuelve; el que con necios se junta, saldrá mal parado."*

Proverbios 13:20 NVI

❯ ¿Cuál es la influencia de andar con amigos sabios?

4. *"Una vez que David y Saúl terminaron de hablar, Saúl tomó a David a su servicio y, desde ese día, no lo dejó volver a la casa de su padre. Jonatán, por su parte, entabló con David una amistad entrañable y llegó a quererlo como a sí mismo. Tanto lo quería que hizo un pacto con él: Se quitó el manto que llevaba puesto y se lo dio a David; también le dio su túnica, y aun su espada, su arco y su cinturón."*

1 Samuel 18:1-4 NVI

› ¿Cómo fue la amistad de David con Jonatán?

› ¿Qué hizo Jonatán para honrar su amistad con David?

5. *"Después de haber orado Job por sus amigos, el Señor lo hizo prosperar de nuevo y le dio dos veces más de lo que antes tenía. Todos sus hermanos y hermanas, y todos los que antes lo habían conocido, fueron a su casa y celebraron con él un banquete. Lo animaron y lo consolaron por todas las calamidades que el Señor le había enviado, y cada uno de ellos le dio una moneda de plata y un anillo de oro. El Señor bendijo más los últimos años de Job que los primeros, pues llegó a tener catorce mil ovejas, seis mil camellos, mil yuntas de bueyes y mil asnas. Tuvo también catorce hijos y tres hijas. A la primera de ellas le puso por nombre Paloma, a la segunda la llamó Canela, y a la tercera, Linda. No había en todo el país mujeres tan bellas como las hijas de Job. Su padre les dejó una herencia, lo mismo que a sus hermanos. Después de estos sucesos Job vivió ciento cuarenta años. Llegó a ver a sus hijos, y a los hijos de sus hijos, hasta la cuarta generación. Disfrutó de una larga vida y murió en plena ancianidad."*

Job 42:10-17 NVI

> ¿Qué hizo Job por sus amigos?

> ¿Qué bendiciones recibió Job después de haber orado?

6.

"¡Cuán bueno y cuán agradable es que los hermanos convivan en armonía! Es como el buen aceite que, desde la cabeza, va descendiendo por la barba, por la barba de Aarón, hasta el borde de sus vestiduras. Es como el rocío de Hermón que va descendiendo sobre los montes de Sión. Donde se da esta armonía, el Señor concede bendición y vida eterna."

Salmo 133:1-3 NVI

❭ ¿Cuándo nos bendice Dios, según este pasaje bíblico?

7.

"El justo es guía de su prójimo, pero el camino del malvado lleva a la perdición."

Proverbios 12:26 NVI

❭ ¿Cuál es el rol de un buen amigo?

8. *"Hay amigos que llevan a la ruina, y hay amigos más fieles que un hermano."*

Proverbios 18:24 NVI

❯ ¿Cómo debe ser un buen amigo?

....

....

....

....

....

9. *"Más confiable es el amigo que hiere que el enemigo que besa."*

Proverbios 27:6 NVI

❯ ¿Qué puede hacer un buen amigo?

....

....

....

....

....

10. *"El que ama la pureza de corazón y tiene gracia al hablar tendrá por amigo al rey."*

Proverbios 22:11 NVI

> ¿Qué es lo que debemos cuidar más que nada para tener gracia al hablar?

11. *"El perfume y el incienso alegran el corazón; la dulzura de la amistad fortalece el ánimo."*

Proverbios 27:9 NVI

> ¿Qué hace la verdadera amistad?

12. *"Me fijé entonces en otro absurdo en esta vida: vi a un hombre solitario, sin hijos ni hermanos, y que nunca dejaba de afanarse; ¡jamás le parecían demasiadas sus riquezas! «¿Para quién trabajo tanto, y me abstengo de las cosas buenas?», se preguntó. ¡También esto es absurdo, y una penosa tarea! Más valen dos que uno, porque obtienen más fruto de su esfuerzo. Si caen, el uno levanta al otro. ¡Ay del que cae y no tiene quien lo levante! Si dos se acuestan juntos, entrarán en calor; uno solo ¿cómo va a calentarse? Uno solo puede ser vencido, pero dos pueden resistir. ¡La cuerda de tres hilos no se rompe fácilmente!"*

Eclesiastés 4:7-12 NVI

› ¿Cuáles son las bendiciones de no estar solo?

› ¿Quién piensas que es el tercero en la cuerda?

13. *"Cada uno ayuda a su compañero, y le infunde aliento a su hermano. El artesano anima al joyero; y el que aplana con el martillo le dice al que golpea el yunque: «¡Es buena la soldadura!»; luego asegura el ídolo con clavos para que no se tambalee. «Pero tú, Israel, mi siervo, tú, Jacob, a quien he escogido, simiente de Abraham, mi amigo: Te tomé de los confines de la tierra, te llamé de los rincones más remotos, y te dije: "Tú eres mi siervo". Yo te escogí; no te rechacé. Así que no temas, porque yo estoy contigo; no te angusties, porque yo soy tu Dios. Te fortaleceré y te ayudaré; te sostendré con mi diestra victoriosa."*

Isaías 41:6-10 NVI

› ¿Qué nos anima el profeta Isaías a hacer con nuestros amigos?

› ¿Cuál es la promesa de Dios en este pasaje bíblico?

....

....

....

....

14. *"»Pero a ustedes que me escuchan les digo: Amen a sus enemigos, hagan bien a quienes los odian, bendigan a quienes los maldicen, oren por quienes los maltratan. Si alguien te pega en una mejilla, vuélvele también la otra. Si alguien te quita la camisa, no le impidas que se lleve también la capa. Dale a todo el que te pida y, si alguien se lleva lo que es tuyo, no se lo reclames. Traten a los demás tal y como quieren que ellos los traten a ustedes. »¿Qué mérito tienen ustedes al amar a quienes los aman? Aun los pecadores lo hacen así. ¿Y qué mérito tienen ustedes al hacer bien a quienes les hacen bien? Aun los pecadores actúan así. ¿Y qué mérito tienen ustedes al dar prestado a quienes pueden corresponderles? Aun los pecadores se prestan entre sí, esperando recibir el mismo trato. Ustedes, por el contrario, amen a sus enemigos, háganles bien y denles prestado sin esperar nada a cambio. Así tendrán una gran recompensa y serán hijos del Altísimo, porque él es bondadoso con los ingratos y malvados. Sean compasivos, así como su Padre es compasivo."*

Lucas 6:27-36 NVI

› ¿Qué nos anima Dios a hacer con nuestros enemigos?

....

....

....

....

> ¿Cuál es la promesa si hacemos lo que Dios nos pide en este pasaje bíblico?

> ¿Qué es lo que debemos tener con nuestros enemigos?

15. *"Así se cumplió la Escritura que dice: «Le creyó Abraham a Dios, y esto se le tomó en cuenta como justicia», y fue llamado amigo de Dios."*

Santiago 2:23 NVI

> ¿Por qué fue perdonado Abraham?

> ¿Cómo fue llamado Abraham en su relación con Dios?

16. *"No se dejen engañar: «Las malas compañías corrompen las buenas costumbres»."*

1 Corintios 15:33 NVI

❭ ¿Qué hacen las malas compañías?

....

....

....

....

17. *"Moisés tomó una tienda de campaña y la armó a cierta distancia fuera del campamento. La llamó «la Tienda de la reunión». Cuando alguien quería consultar al Señor, tenía que salir del campamento e ir a esa Tienda. Siempre que Moisés se dirigía a ella, todo el pueblo se quedaba de pie a la entrada de su carpa y seguía a Moisés con la mirada, hasta que este entraba en la Tienda de reunión. En cuanto Moisés entraba en ella, la columna de nube descendía y tapaba la entrada, mientras el Señor hablaba con Moisés. Cuando los israelitas veían que la columna de nube se detenía a la entrada de la Tienda de reunión, todos ellos se inclinaban a la entrada de su carpa y adoraban al Señor. Y hablaba el Señor con Moisés cara a cara, como quien habla con un amigo. Después de eso, Moisés regresaba al campamento; pero Josué, su joven asistente, nunca se apartaba de la Tienda de reunión."*

Éxodo 33:7-11 NVI

> ¿Cómo hablaba Dios con Moisés?

18. *"¿De dónde surgen las guerras y los conflictos entre ustedes? ¿No es precisamente de las pasiones que luchan dentro de ustedes mismos? Desean algo y no lo consiguen. Matan y sienten envidia, y no pueden obtener lo que quieren. Riñen y se hacen la guerra. No tienen, porque no piden. Y, cuando piden, no reciben porque piden con malas intenciones, para satisfacer sus propias pasiones. ¡Oh gente adúltera! ¿No saben que la amistad con el mundo es enemistad con Dios? Si alguien quiere ser amigo del mundo se vuelve enemigo de Dios. ¿O creen que la Escritura dice en vano que Dios ama celosamente al espíritu que hizo morar en nosotros? Pero él nos da mayor ayuda con su gracia. Por eso dice la Escritura: «Dios se opone a los orgullosos, pero da gracia a los humildes»."*

Santiago 4:1-6 NVI

> ¿De dónde surgen las guerras y los conflictos?

> ¿Por qué a veces no recibimos lo que pedimos?

> ¿Qué pasa si quiero ser amigo solo del mundo?

> ¿Qué es lo que Dios ama celosamente en nosotros?

> ¿Cómo es Dios con los orgullosos?

Oración de agradecimiento a Dios por las promesas para tener unas buenas relaciones con los demás.

> ¡Escribe una oración a Dios y VIVE ESTAS PROMESAS EN TU VIDA!

Promesas para
TENER VIDA ETERNA

En nuestra vida no podemos escoger ni el día ni el lugar en que nacemos, ni la familia en la que estaremos. Dios nos sorprende y nos da lo que tenemos. Tampoco podemos escoger ni el día ni el lugar en los que moriremos, pues solo Dios, quien es el dueño de nuestra vida, nos dará la partida en su santa voluntad. El día en que dejemos esta vida y nos encontremos a las puertas del cielo Dios nos hará una pregunta: *"¿Por qué debo dejarte entrar?"* ¿Qué le dirías? Muchos dirán: *"porque no he matado a nadie y he sido bueno"*. Pero sabemos que en el fondo de nuestro corazón, por más que queramos portarnos bien, siempre habrá algo de maldad. Nuestra naturaleza caída nos inclina más hacia el mal, ocasionándonos una gran tristeza y dejándonos muchas veces sin esperanza. Pero para eso murió Jesús: Él fue la única persona que nunca pecó, y murió en la cruz por nuestro pecado y para darnos la esperanza de vida eterna.

Para mí fue una búsqueda de muchos años, de querer ganar la vida eterna con mis sacrificios y buenas obras. Una búsqueda que, aunque valiosa, me trajo mucha desesperanza. Siempre mi corazón se encontraba con que no había cumplido lo suficiente con Dios. Cuando entendí que mi Salvación, mi entrada al cielo el día en que parta de este mundo, es un regalo, y que lo puedo recibir en mi corazón, ¡me trajo toda la verdadera esperanza de vida eterna!

PROMESAS DE DIOS PARA TI

LEE estos pasajes bíblicos muy despacio para encontrar allí las perlas de las promesas. Luego responde a las preguntas de observación y reflexión.

¡VIVE HOY ESTA INMENSA BENDICIÓN!

1.

"Y el testimonio es este: que Dios nos ha dado vida eterna, y esa vida está en su Hijo. El que tiene al Hijo, tiene la vida; el que no tiene al Hijo de Dios, no tiene la vida."

1 Juan 5:11-12 NVI

> ¿Cuál es la promesa en este pasaje bíblico? ¿Quién tiene la vida eterna?

....

....

....

....

....

2.

"Había entre los fariseos un dirigente de los judíos llamado Nicodemo. Este fue de noche a visitar a Jesús. —Rabí —le dijo—, sabemos que eres un maestro que ha venido de parte de Dios, porque nadie podría hacer las señales que tú haces si Dios no estuviera con él. —De veras te aseguro que quien no nazca de nuevo no puede ver el reino de Dios —dijo Jesús. —¿Cómo puede uno nacer de nuevo siendo ya viejo? —preguntó Nicodemo—. ¿Acaso puede entrar por segunda vez en el vientre de su madre y volver a nacer? —Yo te aseguro que quien no nazca de agua y del Espíritu no puede entrar en el reino de Dios —respondió

Jesús—. Lo que nace del cuerpo es cuerpo; lo que nace del Espíritu es espíritu. No te sorprendas de que te haya dicho: "Tienen que nacer de nuevo". El viento sopla por donde quiere, y lo oyes silbar, aunque ignoras de dónde viene y a dónde va. Lo mismo pasa con todo el que nace del Espíritu. Nicodemo replicó: —¿Cómo es posible que esto suceda? —Tú eres maestro de Israel, ¿y no entiendes estas cosas? —respondió Jesús—. Te aseguro que hablamos de lo que sabemos y damos testimonio de lo que hemos visto personalmente, pero ustedes no aceptan nuestro testimonio. Si les he hablado de las cosas terrenales, y no creen, ¿entonces cómo van a creer si les hablo de las celestiales? Nadie ha subido jamás al cielo sino el que descendió del cielo, el Hijo del hombre. »Como levantó Moisés la serpiente en el desierto, así también tiene que ser levantado el Hijo del hombre, para que todo el que crea en él tenga vida eterna. »Porque tanto amó Dios al mundo que dio a su Hijo unigénito, para que todo el que cree en él no se pierda, sino que tenga vida eterna. Dios no envió a su Hijo al mundo para condenar al mundo, sino para salvarlo por medio de él. El que cree en él no es condenado, pero el que no cree ya está condenado por no haber creído en el nombre del Hijo unigénito de Dios. Esta es la causa de la condenación: que la luz vino al mundo, pero la humanidad prefirió las tinieblas a la luz, porque sus hechos eran perversos. Pues todo el que hace lo malo aborrece la luz, y no se acerca a ella por temor a que sus obras queden al descubierto. En cambio, el que practica la verdad se acerca a la luz, para que se vea claramente que ha hecho sus obras en obediencia a Dios»."

Juan 3:1-21 NVI

> ¿Qué le dijo Jesús a Nicodemo en cuanto a lo que era necesario para entrar en el reino de Dios?

> ¿Qué fue lo que hizo Dios por amor a nosotros en cuanto la vida eterna, según este pasaje bíblico?

> ¿Qué es aquello que debo hacer para estar seguro de tener la vida eterna cuando parta de este mundo?

> ¿Qué pasa con quien que no cree en Jesús y no lo recibe en su corazón?

> ¿Qué hace el malo?

❭ ¿Qué hace el que practica la verdad?

> **3.** *"Mis ovejas oyen mi voz; yo las conozco y ellas me siguen. Yo les doy vida eterna, y nunca perecerán, ni nadie podrá arrebatármelas de la mano. Mi Padre, que me las ha dado, es más grande que todos; y de la mano del Padre nadie las puede arrebatar. El Padre y yo somos uno."*
>
> *Juan 10:27-30 NVI*

❭ ¿Qué hacen las ovejas de Dios?

❭ ¿Qué promesa nos da Dios a sus ovejas?

4.

"Por tanto, no nos desanimamos. Al contrario, aunque por fuera nos vamos desgastando, por dentro nos vamos renovando día tras día. Pues los sufrimientos ligeros y efímeros que ahora padecemos producen una gloria eterna que vale muchísimo más que todo sufrimiento. Así que no nos fijamos en lo visible, sino en lo invisible, ya que lo que se ve es pasajero, mientras que lo que no se ve es eterno."

2 Corintios 4:16-18 NVI

> ¿En qué nos debemos fijar más en este mundo?

5.

"Examíname, oh Dios, y sondea mi corazón; ponme a prueba y sondea mis pensamientos. Fíjate si voy por mal camino, y guíame por el camino eterno."

Salmo 139:23-24 NVI

> ¿Hacia dónde debemos pedirle a Dios que nos guíe?

6.

"Después de que Jesús dijo esto, dirigió la mirada al cielo y oró así: «Padre, ha llegado la hora. Glorifica a tu Hijo, para que tu Hijo te glorifique a ti, ya que le has conferido autoridad sobre todo mortal para que él les conceda vida eterna a todos los que le has dado. Y esta es la vida eterna: que te conozcan a ti, el único Dios verdadero, y a Jesucristo, a quien tú has enviado. Yo te he glorificado en la tierra, y he llevado a cabo la obra que me encomendaste. Y ahora, Padre, glorifícame en tu presencia con la gloria que tuve contigo antes de que el mundo existiera."

Juan 17:1-5 NVI

⟩ ¿Quién concede la vida eterna?

7.

"Oí una potente voz que provenía del trono y decía: «¡Aquí, entre los seres humanos, está la morada de Dios! Él acampará en medio de ellos, y ellos serán su pueblo; Dios mismo estará con ellos y será su Dios. Él les enjugará toda lágrima de los ojos. Ya no habrá muerte, ni llanto, ni lamento ni dolor, porque las primeras cosas han dejado de existir». El que estaba sentado en el trono dijo: «¡Yo hago nuevas todas las cosas!» Y añadió: «Escribe, porque estas palabras son verdaderas y dignas de confianza». También me dijo: «Ya todo está hecho. Yo soy el Alfa y la Omega, el Principio y el Fin. Al que tenga sed le daré a beber gratuitamente de la fuente del agua de la vida. El que salga vencedor heredará todo esto, y

yo seré su Dios y él será mi hijo. Pero los cobardes, los incrédulos, los abominables, los asesinos, los que cometen inmoralidades sexuales, los que practican artes mágicas, los idólatras y todos los mentirosos recibirán como herencia el lago de fuego y azufre. Esta es la segunda muerte»."

Apocalipsis 21:3-8 NVI

❯ ¿Cuáles son las promesas de Dios para cuando estemos en el cielo?

❯ ¿Quién es Dios según este pasaje bíblico?

❯ ¿A dónde irán los que rechazaron a Dios?

8. *"»Entren por la puerta estrecha. Porque es ancha la puerta y espacioso el camino que conduce a la destrucción, y muchos entran por ella. Pero estrecha es la puerta y angosto el camino que conduce a la vida, y son pocos los que la encuentran."*

Mateo 7:13-14 NVI

〉 ¿Cómo es la puerta que conduce a la vida eterna?

〉 ¿Cómo es la puerta que conduce a la destrucción?

Oración de agradecimiento a Dios por las promesas para VIDA ETERNA.

〉 ¡Escribe una oración a Dios y VIVE ESTAS PROMESAS EN TU VIDA!

PENSAMIENTOS FINALES

¡Gracias de nuevo por estudiar estas diez lecciones de Viviendo las promesas de Dios!

Mi oración es que ahora nos sintamos reafirmados y llenos de esperanza en medio de nuestros desafíos diarios, algunos más fáciles de llevar y otros más difíciles.

Como te compartí al comienzo, Dios SÍ cumple sus promesas.

"Dios no es un simple mortal para mentir y cambiar de parecer. ¿Acaso no cumple lo que promete ni lleva a cabo lo que dice?"

Números 23:19 NVI

Este estudio es solo una muestra de más de 3500 promesas qué hay en la Biblia para ti. Te invito a que busques y encuentres estas perlas preciosas y te apropies de ellas. Te recomiendo también mi libro **Cantos de Esperanza,** un estudio bíblico extraído de los Salmos donde podrás profundizar sobre más promesas. Estos estudios están disponibles en mi página web https://sentidoatuvida.org o en https://www.amazon.com.

Consultar la sección *Otros recursos* en las páginas 102 - 103 para más detalles y vínculos directos.

¡Que Dios te siga llenando de esperanza en sus promesas y que las vivas cada día para sentirte libre de temor!

Bendiciones,

Margarita Houston

OTROS RECURSOS

Nuestra página web:

https://sentidoatuvida.org

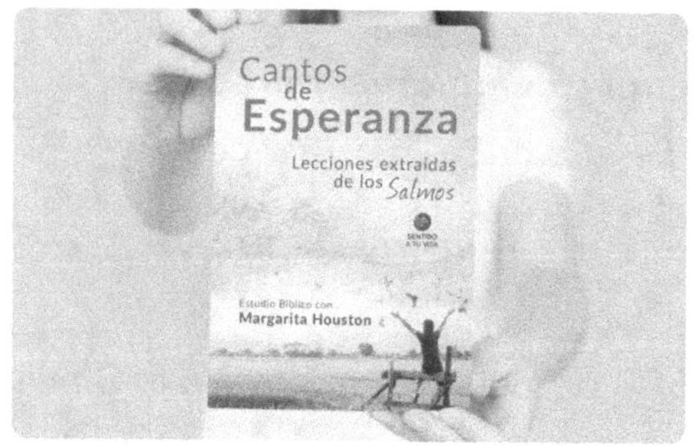

Cantos de Esperanza

Lecciones extraídas de los Salmos

Margarita Houston

Un Corazón como él de Jesús:

365 días caminando con Dios

Margarita Houston

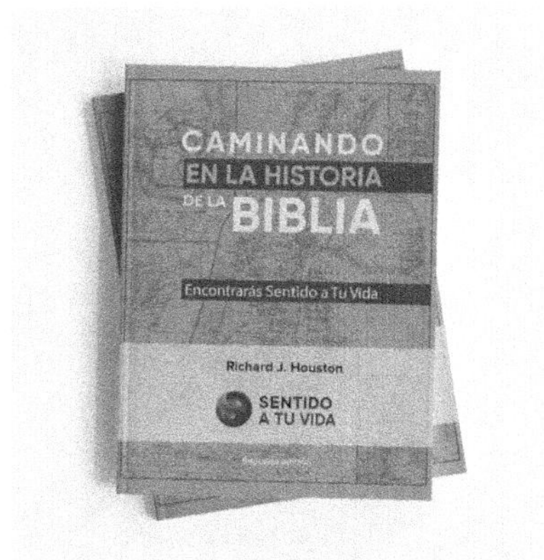

Caminando en la historia de la Biblia:

Encontrarás sentido en tu vida

Richard J. Houston

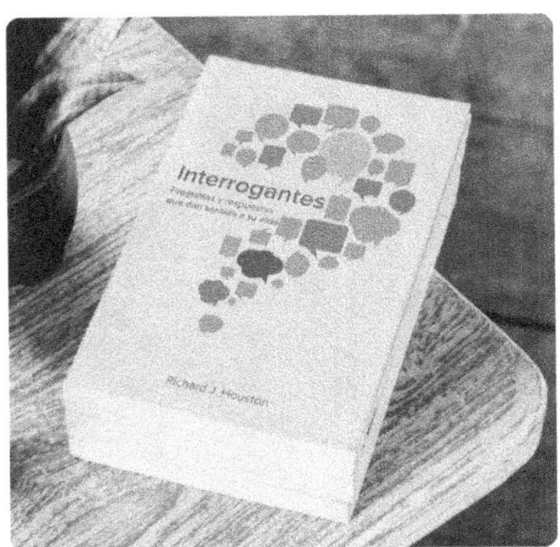

Interrogantes:

Preguntas y respuestas que dan sentido a tu vida.

Richard J. Houston

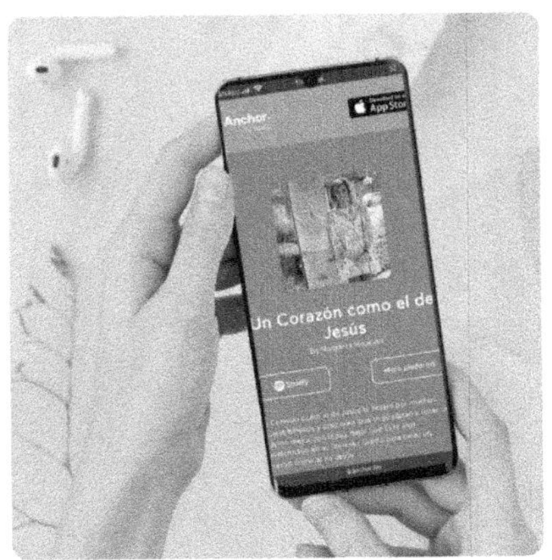

También te animamos a escuchar una lectura devocional diaria:

Un Corazón como él de Jesús:

365 días caminando con Dios
https://anchor.fm/margarita-houston/

Margarita Houston

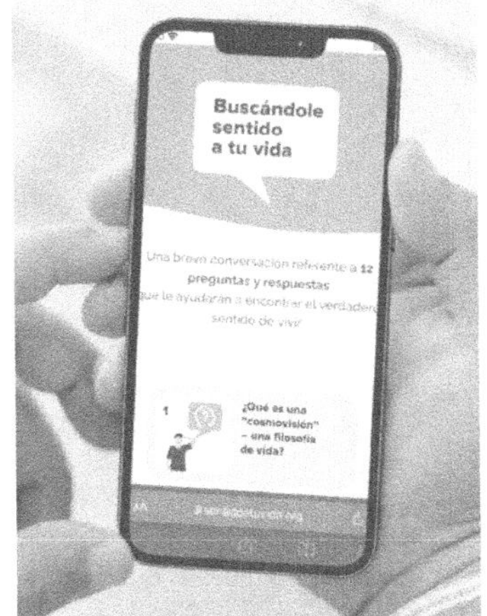

Si quieres escuchar unas conversaciones referentes a las doce inquietudes más comunes en cuanto a la fe cristiana:

¿Buscándole sentido a tu vida?

https://sentidoatuvida.org/12-preguntas/